"十三五"国家重点出版物出版规划项目

诺贝尔经济学奖获得者丛书
Library of Nobel Laureates in Economic Sciences

公共问题经济学

（第十九版）

The Economics of Public Issues
(Nineteenth Edition)

罗杰·勒罗伊·米勒（Roger LeRoy Miller）
丹尼尔·K.本杰明（Daniel K. Benjamin） 著
道格拉斯·C.诺思（Douglass C. North）

王欣双 吉扬 李季 译

冯文成 审校

中国人民大学出版社
·北京·

前　言

　　经济学家认为生活中处处都是经济问题，当然，并不是我们身边的一切都涉及经济，很多重要的社会问题跟经济无关。本书中有一些问题通常被认为本质上不是经济问题，然而，我们尽力向读者展示很多公共问题的核心是经济问题。

　　我们确信本书中的很多内容会引起争议，很多人会认为我们过于倾向一种事实，而忽略了相反的事实。而很多不是经济专业的人士会认为书中的内容根本不是经济问题。在我们看来，所有这些问题之所以能在一个共同的框架下探讨，正好展示了经济学在解释世界方面的强大力量。我们希望这也能让读者见识到经济学既可以富有教育意义，也可以颇具趣味。

新版的修订说明

　　每次新版的修订我们都会仔细选择适合本书的话题，以保证其具有较强的时效性，这对我们来讲是一种挑战。我们希望读者可以从本次修订版新加入的问题中看到，我们正在努力满足这个标准。这些新的问题包括：

- 创新（为什么创新？创新为何如此重要？）
- 公路费为谁交？（一分价钱一分货）
- 《21世纪资本论》（谁富了？为什么我们关心这个问题？）
- 网络中立性（如何反面来看待网络？）
- 医疗保险是给所有人的……或者也许不是（美国《平价医疗法案》的经济效应）
- 关于转基因食品的争论（谁在抵制转基因？为什么抵制？）

更多的章末讨论题及改进的篇章布局

章末讨论题深受读者欢迎，我们也在每次修订的时候不断增加新的讨论题，此外，问题的难度范围也有适当扩展，包括更多关于基础材料的问题。

术语表

本版在书末延续了广受学生和教师欢迎的术语表。术语表中的条目是按字母顺序排列的，继以简要的定义。

全面修订的七篇内容

本版所有章节都做了部分或全部的重新改写，每章的材料都尽我们所能做到更新。与上一版的七篇内容一样，本书包括经济分析基础、供给与需求、劳动力市场、市场结构等。

教师手册

每位教师都想得到与本书配套的《教师手册》，网上为所有采用本书的教师提供了这本手册。我们尽力整合了在讲授本书时所用的最好的教辅材料。这本手册对每一章的教学都提供了如下材料：

● 各章所涉及核心经济问题的精简大纲。

● 对本书中所讨论问题的背景从经济基础上进行的精练解说。在每个案例中都配以一个或多个图形加以解释，我们认为这是非常有用的教学工具。

● 对本书中各章末提出的讨论题给出参考答案，从而可以进一步加深和拓展该章的基本经济分析，而且会不断地提供讨论的新途径。

致谢

本次修订版中有几章内容是取材于本杰明（Benjamin）为地产与环境研究中心所写的《地产与环境研究报告》（PERC reports）。我们感谢地产与环境研究中心准许使用这些材料。我们还要感谢上一版的审读者：罗杰·梅纳斯（Roger Meiners）、布赖恩·奥罗克（Brian O'Roark）、德博拉·沃克（Deborah Walker）、罗布·西利（Rob Seeley），特别感谢圣安东尼学院的梅纳斯（Meiners）和西里尔·莫龙（Cyril Morong）无私地提供新主题和为原有主题提供新材料。此外，本书上一版的数十名热心读者和几位极度认真负责的评论者为本版修订提供了大量有益建议。我们向他们和各位写信给我们提出建议的读者们致以最诚挚的谢意，并真心希望这本书的出版能让他们感到他们时间与才智的付出是值得的。

我们还要感谢戴维·亚历山大（David Alexander）、林赛·斯隆

(Lindsey Sloan) 和萨拉·迪穆谢尔 (Sarah Dumouchelle)，是他们随时关注着这个项目的进展，还有罗比·本杰明 (Robbie Benjamin) 的专业稿件校对技能，他的编辑才能再一次提升了本版的品质。苏·雅辛 (Sue Jasin) 也提供了其专业的稿件准备工作。当然，错误在所难免，所有文责均由本书作者承担。

罗杰·勒罗伊·米勒

丹尼尔·K. 本杰明

道格拉斯·C. 诺思

目　录

第一篇　经济分析基础

第1章　官僚主义害死人 ·················· 3

FDA 简史 ······························· 3

1962 年《基福弗-哈里斯修正案》的影响 ········· 4

糟糕的权衡取舍 ·························· 5

FDA 的故事给我们的启示 ·················· 6

第2章　创新 ··························· 9

从发明、创新到广泛使用——并非总是很快 ····· 9

研发和你的生活水平 ······················ 10

创新与增长 ···························· 10

激励和创新 ···························· 11

专利的重要性 ·························· 11

是否存在市场？ ······················ 12

谁得到了利润？ ······················ 12

是不是所有简单的发明都已经被发现了？ ······· 13

未来会怎样？ ·························· 14

第3章　飞行安全问题 ···················· 15

安全经济学 ···························· 15

什么样的安全程度才是安全？ ··············· 16

外部环境的重要性 ······················ 17

政府掌握的信息最多吗？ ·················· 17

消费者是最聪明的？ ·················· 18

如何应对恐怖分子？ ·················· 19

第4章　财富之谜 ·················· 21

法律体系的重要性 ·················· 21

制度对经济的影响 ·················· 22

制度的起源 ·················· 23

近年来的制度变迁 ·················· 23

第5章　排他经济学 ·················· 26

公共财产 ·················· 26

获取：开放式还是封闭式？ ·················· 26

开放式获取的问题 ·················· 27

冲浪帮 ·················· 28

封闭式获取的好处 ·················· 28

龙虾帮 ·················· 29

帮派和纪念碑 ·················· 29

不劳无获 ·················· 30

第6章　公路费为谁交？ ·················· 32

开车的成本 ·················· 32

减少拥堵的好处 ·················· 33

为什么不收通行费？ ·················· 33

搞错了······ ·················· 34

······还是对了 ·················· 35

定价的政治手段 ·················· 35

通行费以外的方法 ·················· 36

长期的解决方案 ·················· 36

第二篇　供给与需求

第7章　性交易、酗酒和吸毒 ·················· 41

针对供给方的执法行动 ·················· 41

暴力的出现 ·················· 42

使用习惯的变化 ·················· 43

信息成本上升 ·················· 44

危险的性 ·················· 44

致命的毒品和酗酒 ·················· 45

　　信息与互联网 ·················· 46

　　成功是有限的 ·················· 47

第 8 章　全搞砸了 ·················· 49

　　压裂 ······················ 49

　　首先，好消息 ·················· 50

　　接下来，坏消息 ················· 50

　　水 ······················· 51

　　关于环境的更多话题 ··············· 52

　　能源独立 ···················· 53

　　与欧洲的对比 ·················· 54

　　底线 ······················ 54

第 9 章　肾脏买卖 ·················· 56

　　器官移植的总体情况 ··············· 56

　　肾脏移植的情况 ················· 57

　　伊朗的器官移植市场 ··············· 58

　　非自愿捐献者的恐惧 ··············· 58

　　器官移植市场化的成本 ·············· 59

　　器官移植市场化的收益 ·············· 60

第 10 章　水资源濒临枯竭了吗？ ·········· 63

　　根本上可再生的资源 ··············· 63

　　水，水，到处是水 ················ 64

第 11 章　房租管制之殇 ··············· 69

　　房租管制简史 ·················· 69

　　房租管制的负面效应 ··············· 70

　　规避房租管制的努力 ··············· 71

　　官僚主义盛行 ·················· 72

　　房租管制的真正受害者 ·············· 73

　　世界性的房租管制之害 ·············· 73

第三篇　劳动力市场

第 12 章　《21 世纪资本论》 ············ 77

　　富者更富，贫者更贫？ ·············· 77

　　经济学与现实 ·················· 78

　　不平等的起起落落 ················ 78

收入不平等正在加剧 ·························· 79

收入流动性 ································ 79

测量错误 ·································· 80

经济平等很重要吗？ ························ 81

不平等的根源 ······························ 81

第13章　为什么女性的薪酬较低？ ············ 84

这是歧视吗？ ······························ 84

孩子的原因 ································ 85

职业选择 ·································· 86

工作时间 ·································· 87

牙医歧视？ ································ 87

第14章　最低工资效应 ···················· 90

背景 ······································ 90

低工资就是低收入吗？ ······················ 91

最新的证据 ································ 92

最大的受害者 ······························ 93

生活保障工资？ ···························· 93

第15章　高税率的负激励 ·················· 95

奢侈品税 ·································· 95

静态分析和动态分析 ························ 96

收入税和劳动力供给 ························ 96

证据明显 ·································· 97

激励适用于所有人 ·························· 97

爱尔兰的教训 ······························ 98

第四篇　市场结构

第16章　网络中立性 ······················ 103

电信改革 ·································· 103

花钱才能玩 ································ 104

视频革命 ·································· 104

不付钱，不能玩 ···························· 105

美国联邦通信委员会的介入 ·················· 106

互联网的重要性 ···························· 106

还是美国联邦通信委员会 ···················· 107

　　神圣的美国联邦通信委员会 ……………………………… 107

第 17 章　契约、合并与密谋 …………………………… 110

　　石油卡特尔 ……………………………………………… 111

　　钻石卡特尔 ……………………………………………… 112

　　鱼子酱卡特尔 …………………………………………… 112

　　大学生运动卡特尔 ……………………………………… 113

第 18 章　咖啡、茶或免学费 …………………………… 115

　　价格歧视的基本要素 …………………………………… 115

　　航空公司的价格歧视 …………………………………… 116

　　实行利润管理 …………………………………………… 117

　　大学的价格歧视 ………………………………………… 117

　　制药公司的价格歧视 …………………………………… 118

第 19 章　摒除竞争 ……………………………………… 121

　　计程车牌照 ……………………………………………… 121

　　职业注册 ………………………………………………… 122

　　美发行业的竞争 ………………………………………… 123

　　政府也不喜欢竞争 ……………………………………… 124

　　优步的竞争 ……………………………………………… 124

第五篇　政治经济学

第 20 章　医疗保险是给所有人的……或者也许不是 …… 129

　　医疗保险所覆盖的个人数量增加 ……………………… 129

　　强制豁免的效果 ………………………………………… 130

　　你生病了但是没有医疗保险——不要着急 …………… 130

　　新健康保险交流 ………………………………………… 131

　　许多医院获益巨大 ……………………………………… 131

　　双层医疗体系的持续 …………………………………… 132

　　对之前被保险人的影响 ………………………………… 132

　　"49 人"的崛起 ………………………………………… 133

　　底线 ……………………………………………………… 133

第 21 章　绿色能源骗局 ………………………………… 135

　　伟大的目标，但在科学或经济学上不怎么样 ………… 135

　　在需求概念上的一个问题 ……………………………… 136

　　1 号绿色能源骗局——风能 …………………………… 136

2 号绿色能源骗局——太阳能 ················· 137

环境怎么了? ················· 138

任何其他名义下的行业政策 ················· 139

3 号绿色能源骗局——电动汽车 ················· 139

政策和政治 ················· 140

第 22 章　关于转基因食品的争论 ················· 141

转基因的早期历史 ················· 141

新的转基因 ················· 142

来自转基因的威胁 ················· 142

危险有多大的可能 ················· 142

非转基因的费用 ················· 143

财产权的问题 ················· 143

绿色革命 ················· 144

全世界 ················· 144

转基因对环境的益处 ················· 145

承诺和谨慎 ················· 145

第 23 章　少种点玉米，多制造些灾难 ················· 147

美国农业简史 ················· 147

农产品市场 ················· 148

价格补贴 ················· 148

对价格补贴的反应 ················· 149

目标价格 ················· 150

更多的政策修补 ················· 150

农业补贴的现实 ················· 151

其他国家的农业政策 ················· 151

第 24 章　美国的老龄化问题 ················· 154

"老年潮"的起源 ················· 154

老年人的成本 ················· 154

你要支付的成本 ················· 155

行动中的政治经济学 ················· 156

未来之路 ················· 157

第六篇　财产权与环境

第 25 章　拯救物种 ················· 161

渔场广泛倒闭 ················· 161

命令和控制的失败 ·· 162

捕捞份额体系 ·· 163

激励的能量 ·· 163

我们也能挽救鲸吗? ·· 164

把野牛端上餐桌 ·· 164

第 26 章　温室经济学 ·· 167

二氧化碳和气候 ·· 167

对于负外部效应的反应 ·· 168

生活中的事实 ·· 169

好消息,坏消息 ·· 169

汽油和烟雾 ·· 170

减少气体排放 ·· 171

第 27 章　醉人的乙醇 ·· 173

乙醇法令和补贴 ·· 173

乙醇的假想优点 ·· 174

环境政策的政治经济学 ·· 174

乙醇案例中的胜利者和失败者 ······································ 175

第 28 章　收垃圾的来了! ·· 177

美国的垃圾 ·· 177

原本不存在的危机 ·· 178

垃圾回收 ·· 179

产品禁令 ·· 180

政府规定 ·· 180

市场的解决方案 ·· 181

垃圾排放量 ·· 182

第七篇　国际贸易和经济繁荣

第 29 章　巨无霸的经济学 ·· 187

一些人贫穷,一些人富有,许多人位于其间 ······················ 187

外汇汇率 ·· 187

使用市场汇率带来的问题 ·· 188

购买力平价——一个解决办法? ···································· 189

巨无霸驰援 ·· 189

巨无霸工资、实际工资和幸福 ···································· 190

生产力的趋势 ·· 190

第 30 章　全球化和美国的财富 ························ 192

　　贸易收益 ·· 192

　　全球化和反全球化 ····································· 193

　　以邻为壑 ·· 194

　　倾销 ··· 194

　　用工和环境标准 ·· 195

　　贸易壁垒的政治经济学 ······························ 196

第 31 章　75 万美元的钢铁工人 ······················ 198

　　贸易的本质 ·· 198

　　对于汽车的保护 ·· 199

　　对于其他产业的保护 ································· 200

　　总就业的下降 ··· 200

　　真正保护的不可能 ····································· 201

术语表 ··· 203

第一篇

经济分析基础

第 1 章　官僚主义害死人

人固有一死：或死于医生所开具的处方药品的致命副作用；或虽然某些药品可以拯救你的生命，但医生因其未获审批而被禁止使用，致使患者无药可救。这可真是个两难选择，尽管我们宁愿哪个都不选择，但总要有人替我们做出决策。来看看现实吧：美国食品和药品管理局（Food and Drug Administration，FDA）的雇员们每年都会为成千上万的美国消费者做出许多类似的决策。确切地说，美国食品和药品管理局的官僚们有权决定一种新药（处方药品）是否可以在美国上市销售。如果美国食品和药品管理局禁止某种新药上市，那么美国的医生就不能合法地开出这个药方，即使该药已经在其他国家拯救了成千上万名患者的性命。

FDA 简史

美国食品和药品管理局拥有如此决策权力这事要上溯到 1906 年《食品和药品安全法案》（Food and Drug Safety Act），该项法案要求药品必须明确标示其成分，并且不能对消费者健康产生任何潜在的损害。由于这项法案，霍斯塔特医生的胃必妥、印第安基卡普人的草药及大量的朗姆酒混合液、以可卡因为主成分的方剂和某些抗癌的偏方等都从药剂师的药架上消失了。这项法案于 1938 年扩展修订为《食品、药品和化妆品法案》（Food，Drug，and Cosmetic Act），强制药品生产商说明其新药的安全性，否则不得上市销售。（这项法案缘于当时因服用磺胺酏剂而造成的 107 人死亡的事件，这是一种含有有毒二甘醇的抗生素，其化学成分与汽车防冻液相似。）

美国药品监管的再次修订源于严重的婴儿出生缺陷，因为其母亲在孕期服用了用于辅助睡眠的被称为沙利度胺（thalidomide）*的镇静剂。当这些出生缺陷刚刚开始显现出来时，欧洲和加拿大已经广泛地使用这种药物了，美国食品和药品管理局也差不多就要同意该药在美国应用了。事实上，此时美国医生的手中已经拥有了作为样品的大约250万片这种安眠药片。美国食品和药品管理局命令将所有这些样品销毁并禁止销售这种药品。此次事件最终促成了1962年的《基福弗-哈里斯修正案》（Kefauver-Harris Amendments）——对1938年的《食品、药品和化妆品法案》加以修订，这个修正案彻底转变了美国的药品认证程序。

1962 年《基福弗-哈里斯修正案》的影响

在1962年的修正案之前，只要某项新药的认证申请可以表明其安全性，美国食品和药品管理局通常会在180天之内完成该项新药的认证工作。1962年的修正案增加了一项"功效验证"的要求条款，而且解除了对美国食品和药品管理局认证程序的时间限制。美国食品和药品管理局可以根据自己的需要，任意决定制药企业应提供多少或何种类型的证据才能使其药品通过认证，并获得上市销售的资格。而要花费多长时间才决定是否批准，就要看美国食品和药品管理局的心情了。

1962年的修正案极大地增加了开发和引进新药的成本，显著放慢了认证程序的进程。例如，在1962年以前，从提出申请到获得认证，一项新药申请的处理时间平均是7个月。到了1967年，这个时间延长到30个月。在1970年以后，这个时间更是达到了8～10年！这个漫长的认证程序使得制药企业要付出高昂的检验成本——每款新药达到8亿美元或更多，而且推迟了新药可能获得的收入流。正是因为这些原因大大减少了新药的预期盈利能力，因此近些年很少有新药上市。

大家对于美国食品和药品管理局的监管力度要达到何种程度才能保证药品既安全又有效这个问题一直争论不休，但毫无疑问的是，1962年的修正案确实导致了美国的"药品滞后"。一般来说，新药在美国上市所需的时间要大大长于在欧洲上市所需的时间。应当承认的是，要想保证患者从新药中受益而不是受到伤害的确需要较长时间，但是，因监

---

* 一种镇静催眠药物，其化学分子式为 $C_{13}H_{10}N_2O_4$，孕妇服用该药物可致婴儿畸形。——译者注

管过严而导致的药品滞后问题本身也是对生命的一种威胁。诺贝尔医学奖获得者乔治·希金斯（George Hitchings）医生估算，美国推迟 5 年引进复方新诺明（Septra）——一种抗生素，使得美国有 8 万人因此而丧生。与此相似，一种用于治疗心脏病突发及高血压的药物——β-受体阻滞剂在美国的引进也比欧洲晚了近 10 年。有些研究者声称，因美国食品和药品管理局对这些药品认证的拖滞，使得至少 25 万美国人因此而丧生。

糟糕的权衡取舍

　　1962 年的修正案迫使美国食品和药品管理局的官僚们做出了真正可怕的权衡取舍。虽然那些不安全或功效不明显的药品因不能上市而使得生命受到了保护，但是监管程序延迟了（甚至是阻止了）某些安全且有效的药品的引进上市，这又造成了生命的损失。现在我们就来系统地检视一下这类权衡取舍。

　　每当要引进新药时，总有一些原因可能使其无法通过认证——可能因为其副作用超过了其疗效可能带来的好处（即不安全），也可能因为对于个体病例来说疗效甚微（即没有疗效）。如果这类药品得以引入，我们称这是犯了**I 型错误**（Type I error）。自 1962 年以来，因美国食品和药品管理局施加了严格的检验程序，诸如前文所述的镇静剂致婴儿畸形这类可能的 I 型错误的影响范围大大缩减了。但是，另一些人成为所谓**II 型错误**（Type II error）的受害者，因为 1962 年的修正案阻滞了安全、有效的新药的引进，这些人不得不忍受病痛的折磨，甚至付出生命的代价。II 型错误是指本应及时引进发布的新药，却因美国食品和药品管理局的监管措施而受到阻滞，如前文所述的复方新诺明和 β-受体阻滞剂的延迟引进情况。

　　在过去的二三十年间，针对因药品滞后而造成伤害的呼声日益强烈，对于那些 I 型错误与 II 型错误相比造成的损害较小的情况，美国食品和药品管理局在某些个例上（如对某些垂危的病例）缩短了检验期限。一个有名的案例是一种被认为可能治疗艾滋病的新药齐多夫定（AZT）*。感染艾滋病的高危人群——男性同性恋者带头施加压力以敦

---

　　* AZT 的全称是 azidothymidine，其化学分子式为 $C_{10}H_{13}N_5O_4$，被认为可能治疗艾滋病的药物。——译者注

促美国食品和药品管理局尽快通过对齐多夫定的认证，美国食品和药品管理局仅仅在 18 个月后就通过检验放行了齐多夫定。与此类似，一种重要的治疗乳腺癌的新药紫杉酚（Taxol）也迅速通过了美国食品和药品管理局的检验，在这起事件中，压力主要来自那些具有家族性乳腺癌病史的女性们。

美国食品和药品管理局目前具有一套正式的快速反应机制，这套机制可以缩短药品检验时间，使人们看到解除某些痛苦或死亡的希望。然而，尽管认证某项新药的平均时间大大缩短了，这个期限仍然要十倍于 1962 年修正案之前的认证期限。

FDA 的故事给我们的启示

美国食品和药品管理局对新药的这种监管会对我们处理这个时代中的其他公共问题提供哪些教训和经验？以下是几项相当重要的原理：

1. 世上没有免费的午餐。每一项选择，每一项公共政策，都有其**成本**（cost）——必须放弃的某些东西。在一个**稀缺性**（scarcity）的世界中，我们不可能使每样好东西都多一些，为了多得到一些某种物品，我们必须放弃某些其他物品。尽管美国食品和药品管理局通过认证制度阻止不安全和疗效不确切的药物的确挽救了一些生命，可是为了这些检验增加的数十亿美元的额外成本，加上某些安全而有疗效的药品也被延迟使用，又引致了成千上万人为此送了性命。

2. 某项行为的成本是为了实现它而放弃的东西。经济学家通常用货币表示成本和收益，因为这是解释和计量成本与收益的最简单的工具。但是这并不意味着成本一定是货币化的，也不意味着经济学无力分析那些非常人性化的成本和收益。导致 1938 年法案和 1962 年修正案的成本是因服用磺胺酏剂造成的众多死亡病例，以及大量的因服用镇静催眠药物而导致的可怕的婴儿出生缺陷。此后对美国食品和药品管理局药品认证程序的修订，如对齐多夫定和紫杉酚的特事特办，正是对药品发布监管所带来药品滞后的副作用的基本反映。

3. 与决策相关的成本和收益是边际增量。我们关心的问题并不是安全问题是好是坏，而是我们需要什么程度的安全——答案只能通过比较因安全增加的边际收益与为取得这个安全增量所支付的边际成本来获得。对有毒的磺胺酏剂和致畸的镇静剂的一个可能的处置方法是宣布这些新药为非法，这可以保证不会有更多的人受到新药的损害。但是可以确定的是，这个方案并不是明智的，因为（由于较高的Ⅱ型错误而导致的）边际成本会超过（因减少Ⅰ型错误而导致的）边际收益。

4. 人们会对激励做出反应。这一点无论对于消费者、供给者还是政府官员们都是适用的。1938 年法案和 1962 年修正案的激励是服用磺胺酏剂造成的众多死亡病例，以及大量的因服用镇静催眠药物而导致的可怕的婴儿出生缺陷。而美国食品和药品管理局最终决定加快认证程序也是出于某些人激烈游说的压力，他们认为人们可以从那些尚未获准的药品中得到好处。事实也证明的确如此。

5. 事物并不总是像其表面所看到的那样。许多对政府政策绩效分析的方法都没有完全考虑到如果不制定这样的政策，人们会如何行事。因此官方宣称的某项政策可能达到的效果就会毫无例外地大打折扣了，这并不是因为他们存心要欺骗群众，而是因为很难了解到如果不制定某项政策，会发生什么事情。例如，药品制造商会有很强的激励去尽量避免引入不安全或疗效不明确的新药，否则会使公司蒙受名誉损失，甚至惹上法律官司。出于与此相似的原因，医生们也有很强的激励去避免为病人开出这类药品的处方。即使没有美国食品和药品管理局的监管，他们也会对新药的引进和实施进行广泛的检验。因此，将现代药品的安全性与疗效的保证完全归因于美国食品和药品管理局的保护性措施是不完全正确的。问题的另一面是，药品的开发过程本身就是个极其复杂、耗时良久且代价不菲的过程，即使没有美国食品和药品管理局的监管，某些人也会因为过长时间等待新药而丧命，因为自利的药品制造商会坚持进行某些检验，谨慎的医生也会在很久以后才开出新药处方。

如果美国食品和药品管理局的职员们以及国会的议员们"允许"Ⅰ型错误发生——尤其是致人死亡的药品，他们就会受到公众的严厉批评，因此美国食品和药品管理局的官僚们也有很强的激励去避免发生此类事件。但是当漫长的药品检验程序引起了Ⅱ型错误——就像复方新诺明那样，就很难明确地指出哪个具体的病人是因为药品延迟发布而死亡的，结果就是美国食品和药品管理局的官员们很少因此类拖延而受到直接指责。因为Ⅱ型错误与Ⅰ型错误相比，很难明确确定其成本，许多研究者认为美国食品和药品管理局天生具有"宁可错杀一千，绝不放过一个"的倾向，即对安全具有极度偏好，换句话说，他们具有过度检验的偏好。

6. 政策常常会有意想不到的后果，结果是其净收益几乎总是低于预期收益。在政府监管的过程中，边际成本和边际收益之间的比较并不是官员们关注的焦点。相反，能够使政客们重新当选或使监管者获得提升的某些"绝对的硬指标"，如安全，才是他们的关注点。如果一点点安全是好的，那么更多的安全就一定是更好的，为什么不简单地要求严格的药品检验以"确保"人人都不会受到危险药品的威胁呢？最终，前述的原理3就会渐渐地被淡忘，只有在因药品滞后使多人丧命的情况下，这个原理才又会被人想起来。

这些原理对于重要的公共事务常常是奏效的，但有时也有那么一点点有趣的意外。前文中提到的镇静剂沙利度胺又重回市场。1998年，美国食品和药品管理局准予它用于治疗汉森综合征———一种麻风病；2006年，美国食品和药品管理局更是允许医生将其用于治疗骨髓癌。然而在每项用途上，美国食品和药品管理局都严格禁止将此药用于孕妇。因此，也许某项药物会造成致命的药品滞后，但其最终结果会成为另一类病人的救命法宝。

讨论题

1. 为什么人们迫使美国食品和药品管理局做出对处方药消费者最优的决策？

2. 为什么美国食品和药品管理局的员工不是精确地平衡处方药消费者的成本与收益？

3. 制药行业的市场结构对单个制药企业可能犯的错误类型会有什么影响？也就是说，由大量高度竞争的制药企业构成的制药行业是否比由少数几家大型制药企业构成的制药行业更愿意或更不愿意引进相对不安全的新药？

4. 如何改变美国食品和药品管理局的官员们面临的激励来减少Ⅱ型错误？（提示：是否可能将美国食品和药品管理局的药品认证程序与其他国家的药品认证程序进行比较？）

5. 你觉得下列监管体系的优点或缺点是什么？美国食品和药品管理局并不发布准予或禁止某项新药进入市场的命令，而只是对新药的安全性和疗效情况发表意见，然后允许医生自主决定是否给患者开出该药的处方。

6. 为简单起见，假定Ⅰ型错误和Ⅱ型错误只是引致死亡，太少的谨慎会导致Ⅰ型错误，而过分的谨慎则会导致Ⅱ型错误，那么Ⅰ型错误和Ⅱ型错误的最佳组合是什么？

第 2 章　创新

如果没有智能手机和其他数码产品，你是否会过得更好？如果不能使用世界上最伟大的图书馆——互联网，你是否会过得更好？如果没有社交媒体，你是否会过得更好？

很多人会响亮地回答"不"。互联网和快速远程通信已经使美国和世界各地大多数人的生活变得更加美好。但是要知道，今天我们可以使用的技术并非凭空出现，而是建立在过去某些人做出的**发明**（invention）基础之上的。但俗话说，"发明不值钱，一毛钱一打"。发明本身在其原始想法的阶段几乎没有价值，而**创新**（innovation）——把新东西（比如发明）转化成能让我们受益的东西——则是不同的。发明的技术创新必须投入到实际应用中才能为人类创造价值。创新要么会减少我们现有产品和服务的生产成本，比如电话费；要么能够提供新的产品和服务，比如互联网。

从发明、创新到广泛使用——并非总是很快

某人发明了个似乎有用的新玩意，但这并不能保证这个新发明会快速转化为可以广泛使用的产品或服务。白炽灯泡最早由汉弗莱·戴维（Humphrey Davy）在 1802 年发明，但是花费了 75 年的时间。托马斯·爱迪生（Thomas Edison）投入了大量技术和商业才华，才将其实际应用在照明上。在那以后又过去了数十年，电灯泡才得以广泛使用——直至今日在世界的许多角落仍然没有得到使用。

还有晶体管——现代电子设备最基本的零件也是这样。1947 年，当晶体管被发明时，其发明者们认为可以将其用于改进助听器。实际

上，《纽约时报》（*New York Times*）认为这项发明只配以一篇极小的篇幅深埋在报纸的最后几页中。现在，晶体管是数十亿台计算机的基本零件，在从手机到飞机等各种仪器设备的运行中，晶体管都起着重要作用。

当激光被发明出来时，没有人知道该用它来做什么。实际上，人们告诉发明者这是个"自找麻烦的解决方案"。早期，激光曾被应用于化学研究中。后来人们发现可以用激光进行测量和导航。今天激光的应用范围已经扩大到光学数据传输、手术、印刷、复制音乐、零售、电信等更广泛的领域。

电灯泡、晶体管和激光的模式几乎在所有被转变成创新的发明中都存在。发明最初的实际应用范围非常狭窄，事后看来简直狭窄得可笑。只有在显著的技术改良和前所未见的巧妙应用，即"创新过程"之后，发明才为人类增添了实质性的福利。

研发和你的生活水平

创新并非自发产生。按照爱迪生的说法，只有产生大量的灵感并付出更多的汗水才能获得。实际上，发明和创新都与我们在**研发**（R&D）上投入多少紧密相连。

众所周知，大公司和美国联邦政府都会投入数十亿美元进行研发活动。一家大公司通常每年都会从其研发实验室中获得数百项发明。这些发明只有少数被写进新产品或新流程的正式建议书。人们再从中仔细选取一部分进行进一步开发，要么获得更有效率的生产流程，要么获得创新产品。在这些产品中，也许只有一两种才能投入到商业运作中。

当然，并非所有的研发活动都由大公司和政府来承担。许多研发工作是由个人或小型的新企业进行的。这些小企业唯一的启动资产可能只不过是发明者的灵光一现而已。这些灵感大多不了了之。即便如此，大量创新仍在通过小企业的努力源源不断地流入市场。实际上，在制药和计算机等领域，今天的大企业最初正是建立在一个灵感之上，经过多年的研发，最终经过创新将灵感转变为大获成功的产品。

创新与增长

毫无疑问，无论是谁在进行研发活动，投入到研发过程的资源数量都会对我们未来的生活水平产生重要影响。**经济增长**（economic growth）是一个国家或地区每年生产出来的产品和服务数量的增长量。增长的速度决定了我们未来的生活水平。例如，如果 A 国比邻国 B 国每年增长速度高出一个百分点，那么在一个人一生的时间里，A 国的繁荣程度将会变为其邻国的两倍。

创新对经济增长至关重要，原因有两点。第一，创新是新产品的主要来源，也是现有产品减少成本、保护资源的主要方式。第二，这些创新带来的利润前景是新投资的主要驱动力，而我们需要新投资才能在未来获得更多产出。

我们只需回顾一下工业革命之前的时期，就会发现创新起了多大的作用。1750 年之前的大部分时间里，创新的步伐非常缓慢，几乎没有新的投资，十年之后，甚至百年之后，生活水平几乎没有提高。自那以后，创新速度不断加快，生活水平不断攀升。因此，创新不仅是我们经济的一个很小的部分，它还是经济增长和社会繁荣的基石。

激励和创新

从创新的定义来看，创新的过程不可预测。在外人看来，创新似乎完全是随机的。实际上，创新是由**激励**（incentives）驱动的。创新并非自发出现，而是有意识行为的结果，其动力来自人们这样的预期：回报将会超过成本。

持续、广泛的创新需要三个要素。首先，作为发明和创新的来源，灵感必须得到保护。其次，该创新必须具有商业成功的前景。最后，这一商业成功必须真能给创新者带来收益。

专利的重要性

许多创新灵感都作为商业秘密而得到保护。例如，可口可乐公司是唯一可以生产其旗舰产品的公司，因为它是唯一知道该产品配方的公司。

但在很多情况下，创新过程是从发明者为其发明申请**专利**（patent）时开始的。专利就是政府认可发明者在一段时期内为唯一可以生产、使用或销售其发明的个体的保护措施。目前在美国保护期是 20 年。

一旦被授予专利，专利持有人便可以将发明出售或授权给他人使用，而不必担心别人无偿使用。

美国的专利制度可以上溯到美国成立之时，人们普遍认为这是世界上最有效的专利制度。该制度成本低，易于操作，对专利持有者提供高度的法律保护。因此，人们认为在过去的两个世纪里，美国专利制度在刺激美国的创新方面起到了至关重要的作用。

尽管美国的平均创新率很高，但新灵感的出现，至少是以专利形式出现的新灵感在历史中分布得很不均匀。例如，从 1800 年到 1900 年，新专利的增长率为每年 6.5%。从 1900 年到 1980 年，增长率大大减缓到略高于每年 1%。毫无疑问，两次世界大战和大萧条是导致专利增长缓慢的重要原因，因为这些事件大大减少了正常的商业活动，从而减少了对发明的激励。自 1980 年以后，发明的速度再次加快，专利增长的平均速度约为每年 4.5%。[1]

是否存在市场？

创新本身是无法预知的，也是具有破坏性的。创新可能会对现有的经营方式构成威胁，如优步（Uber）和来福车（Lyft）* 在个人交通市场中会威胁到现有企业的利润（参见第 19 章）。创新还可能威胁人类的健康或安全，许多人认为转基因产品就是这样（参见第 22 章）。

政治家和官僚们对这种破坏的反应通常是极力抑制——最简单的方法就是严令禁止新产品和服务的商业应用，以此阻止创新过程。这种用政治或法规来抑制的举措显然减少了创新的潜在收益，从而减少了从事创新的激励。许多观察家相信，近几十年来欧洲对破坏性创新的遏制在减少创新和经济增长方面都起到了很大作用。

谁得到了利润？

即使创新受到法律保护，并进入了市场，仍要面临一道障碍。所有

---

① 在 21 世纪初的一段时间，新专利的授予速度一度大大放缓，这引起了一些观察家的关注。但这次放缓仅仅是由美国专利局处理专利申请的效率下降引起的，一旦效率提高，授予新专利的速度就恢复了。

　* 美国的两个打车软件。——译者注

的政府都需要税收收入才能运转，对利润和企业主收入征税是政府收入的主要来源。提高税款意味着税后利润会减少，从而减少创新的激励。

欧洲的总体税率比美国高很多。一位法国经济学家认为，如果微软公司的创始人比尔·盖茨（Bill Gates）在法国成立微软，那他积累的财富只会有现在的 20%。现在你可能会说，盖茨赚了那么多钱，少个几十亿也没什么大不了。但如果盖茨知道政府会把他挣来的血汗钱多拿走 80%，他是否还会在事业起步的最初 20 年里每天工作 12 小时，一周工作 7 天？还有多少创新人士面临高税率时根本不想一搏，因为他们知道辛勤工作将会百分之百落在自己肩上，而只有 20% 的收益是属于自己的，如果他们能得到收益的话。

是不是所有简单的发明都已经被发现了？

最基本的简单机械包括轮子、滑轮、杠杆、螺丝等都是在几千年前发明的。它们对人类福祉产生的积极而深远的影响永远无法被复制。汽车、电话和电灯泡是 100 多年前被发明出来的，它们带来的益处也很难被其他创新产品复制。

这些例子会让一些观察家认为所有重要的东西都已经被发明出来了。根据这一观点，现在再要发明重要的物品就会越来越难。未来没有什么能像电或抗生素的发现那么重要了。如果这样看，未来的创新带来的收益可能比过去的创新少得多。如果这种悲观的世界观是正确的，那么我们可能会认为未来的经济增长率要比过去低得多。

但并非所有人都认为未来希望渺茫。例如，汽车发明于 19 世纪末，悲观主义者认为，今天的汽车只不过是最初发明的改良。汽车的"大爆炸"时代已经过去了，不会再出现同样重要的事物了。但这忽视了一个事实：第一辆汽车只不过是把引擎安装在马车的框架上，将引擎的动力传送到车轮上的方法来自其他工艺，甚至最初的转向系统也借鉴自马车。简言之，汽车只不过是在旧想法的平台上建立了一个新灵感——但它改变了世界。如果我们快进到 130 年以后，汽车仍然会被我们使用，但汽车的转变——一点一滴的创新——仍会令我们惊叹。

的确，汽车时代的特征反映了每一个创新的基本特征：商业化、艺术化、智能化等。所有这些都建立在过去的灵感之上。但这意味着，随着每一个新灵感的出现（无论是发明还是创新），灵感的总量会不断增加，而在它们的基础上又会出现更多新的灵感。因此，乐观主义者认为，我们可以预测未来的创新会比过去更多，因为每增加一个新灵感，灵感的基础都会扩大。

未来会怎样？

因为创新本身就是无法预料的，所以我们任何人都无法预知创新的未来会怎样。但经济学的原理能够在一定程度上预测政府政策会对创新的未来产生什么样的影响。

正如我们前面提到的，创新是经济增长的推动力，激励则是创新的推动力。如果新灵感的知识产权受到保护，如果我们不会因为害怕而抑制创造力，如果创新者可以保留劳动果实，那么创新的未来就是光明的。而如果不能满足这些条件，创新就会失去活力，更加繁荣昌盛的未来就可能希望渺茫。因此，即使我们只有很少人会在未来肩负重大的创新使命，我们仍可以敦促政府制定有利于创新的政策。

讨论题

1. 如果你能选择生活在今天或是 100 年前，你会怎么选择？为什么？如果是在现在和 100 年后的未来之间选择呢？

2. 为什么关于发明的"一毛钱一打"的说法是真的？

3. 将资源用于研发，但生产出来的创新产品无法获得利润，那么这些资源是否被浪费了？为什么？

4. 如果长期经济增长率从历史的 2.1% 降至 0.9%，这会对你产生什么影响？为什么？今年年底降至 0.9% 和你退休的时候降至 0.9% 分别会对你的回答产生什么影响？

5. 假如你即将在两个州中选一个创建一家创新型高科技企业。预计税前利润是每年 10 万美元。两个州的居住条件、气候和其他设施都差不多，但 A 州的税率为 17%，B 州的税率为 7%。你每年的税后利润在这两个州会差多少？从商业的角度，哪一个州会得到你的青睐？

6. 最近五年里你认为生活中最重要的创新产品有哪些？如果这些产品因为被政府政策遏制或阻止而未能出现，你能用美元价值来粗略衡量你的个人损失吗？

第 3 章　飞行安全问题

我们中的大多数人在坐进自己的汽车时都不会顾虑到人身安全问题，最多也就是系上安全带而已。然而即使乘坐按时刻表起降的商用客机比我们开车去上班或者开车去购物都要安全得多，许多人仍然会隐隐地有一种不祥的预感，虽然并不一定是很直接的恐惧。

如果仔细想想，乘飞机旅行就是在地面以上 7 英里的高空，坐在一个铝制的管子中以每小时 600 英里的速度旅行，我们的脑海里可能就会涌现出几个问题：这有多安全？应该有多安全？因为操控飞机的人并不是为了好玩，他们会不会为了赚钱而忽视了把我们完好运送到目的地的利益？只有某种形式的政府规制才是保证空中飞行安全的唯一途径吗？

安全经济学

作为一门科学，经济学的开篇就是一条简单的原则：我们生活在一个**稀缺性**（scarcity）的世界中，这意味着想要多获得某些物品，我们必须要放弃另外一些物品。这个原则对于安全问题同样适用，正像对于比萨饼、理发或艺术品等一样。安全赋予我们收益（存活得更长久并且更快乐），但是为了获得安全也必须要承担**成本**（costs）（我们必须放弃某些东西以获得安全保障）。

随着安全程度（又称安全水平）的增加，安全带来的总收益增加，但是额外的安全所带来的边际收益是下降的。设想一个简单的例子：在飞机上加装一个紧急出口，可以增加在有紧急情况发生时的逃生人数。然而，每一个新增的紧急出口增加的安全收益都会少于前一个紧急出口，如果第四个紧急出口可以使逃生人数增加 10 个人，第五个则可能仅会增加 6 个人的逃生机会。如果你觉得这听起来不太可信，那么可以设想给每个乘客准备一个紧急出口的极端情况，最后增加的紧急出口至多只能多使一个人逃生而已。所以我们可以说随着安全程度的增加，安全的边际收益是下降的。

现在我们再来看一下等式的另一端：随着安全程度的增加，提供这种安全保障的总成本和边际成本均上升。在飞机的飞行仪表盘上安装油量指示表显然会增加安全性，因为它可以减少飞机飞行中耗光油料的机会。[①] 油量指示表不可避免地会出现故障，因此增加一块备用油量指示表肯定会增加安全性。由于安装两块油量指示表要比只有一块油量指示表的成本高得多，所以随着安全程度的增加，安全的总成本也在上升。还有一点很明显的是，尽管第二块油量指示表的成本至少与第一块油量指示表的成本同样高，可是它对安全程度的提高作用小于第一块表。因此，第二块油量指示表所增加的额外安全程度的单位成本要高于第一块表。

什么样的安全程度才是安全？

我们的飞行应该达到什么样的安全程度呢？对于经济学家来说，这类问题的答案通常是用**边际收益**（marginal benefits）和**边际成本**（marginal costs）这两个术语来表达的。当安全程度增加的边际成本正好等于安全程度增加所带来的边际收益时，我们说在经济上达到了有效率的安全程度。换一种表述方法：如果增加（或保持）某种安全程度的收益超过其成本，那么这就是值得的；如果增加某种安全设施带来的收益不能超过其所增加的成本，我们就不必安装这种设备了。请注意，这里有两个相关的问题：我们需要什么样的安全程度？我们应该如何达到这种安全程度？

这两个问题在 2001 年 9 月 11 日的清晨更加凸显了其紧迫性，恐怖分子们劫持并撞毁了四架美国客机。这起事件昭示了空中旅行的安全程度比我们以前所认为的要低得多。很显然，我们马上就会想到应该在飞行安全上投入更多的资源。我们不清楚的是，应该额外投入多少资源，确切来说应该做出什么样的改变。例如，人人都认为在机场对乘客和行

---

① 注意我们说的是"减少"而不是"消除"。1978 年，一名美国联合航空公司飞行员一心想着对付失灵的起落装置，显然没有关注仪表盘读数。结果当燃油用尽飞机紧急迫降时，造成了 8 人死亡的后果。

李进行更加严格的安检会带来至关重要的安全收益，但是如何进行安检呢？是应该禁止乘客随身携带行李，还是对这些行李进行更严格的检查？对于乘客的托运行李应该进行什么程度的扫描安检以防有炸弹？即使现在，对这些问题的答案也是在逐步形成中，即随着我们对威胁程度的了解及对不同处置方式的成本的了解而逐步演进。在这个过程中，经济原理有助于我们做出最明智的决策。

一般来说，有效率的安全程度并不是要求绝对安全，因为要达到绝对安全的成本太高昂了。比方说，如果要做到绝对肯定地确保不会有任何人在飞机事故中丧生或受伤，那只有禁止一切空中旅行，这是一个非常不实际也不可行的设想。这意味着如果我们希望享受飞行带来的好处，就必须要接受某种程度的风险——结论就是每次我们登上飞机时，都默认接受了这种风险。

外部环境的重要性

外界条件的改变可能会改变安全程度的效率水平。例如，如果某项技术改进降低了炸弹扫描探测设备的成本，阻止恐怖分子进行炸弹袭击的边际成本就会降低。因此在更多机场安装探测设备，并且在大型机场安设更多的探测设备以加快安检速度等就是有效率的，空中旅行就会因技术进步而变得更加安全。与此相似，如果由于某种原因使得安全的边际收益增加了——比方说美国总统在飞机上——那么采取更多的防范措施保证飞行更加安全就是有效率的。在决定安全的成本和收益的因素既定的情况下，外界条件改变的结果将会在某种程度上成为安全水平的决定因素，安全水平通常是与死亡或受伤的风险相关的。

飞机是一个复杂的系统，会有数不清的问题隐患。在人类一个多世纪的飞行史上，飞机制造商和航空公司研究了到现在为止出现过问题的所有隐患并不断改进设计和操作系统，旨在避免类似问题再次出现。这些努力付出取得了回报。例如，1950—2010 年，美国商业航空中致命的事故发生比率下降了大约 97％。

政府掌握的信息最多吗？

当然，消费者是对确保飞行安全具有最迫切要求的。如果信息是免费的，我们则可以有一定把握断言，飞机制造商和航空公司实际提供的安全水平就是最有效率的安全水平。消费者会简单地通过观察不同航空公司提供的安全水平和价格来选择最适合他们偏好与预算的安全水平，这与选择其他商品是一样的。但是很显然，信息并不是免费的，而是一**种稀缺商品**（scarce good），是要花费代价才能得到的。结果就是乘客们可能无从知晓不同航空公司的安全记录，也无法了解飞行员的能力以及航空公司的机械维护程序。事实上，即使航空公司自己也未必能了解其有效率的安全水平，这也许是因为它们也无从估测来自恐怖袭击的真正威胁。人们常常据此要求联邦政府制定最低的安全标准，目前美国政府就是通过联邦航空管理委员会（FAA）来进行安全监管的。接下来我们详细地介绍一下这个监管程序。

支持联邦政府制定安全标准的论据之一是基于这样的假设：如果对航空公司放任不管，则安全水平会远低于乘客们的期望，因为乘客无法（以合理的成本）分辨出航空公司采用的航空设备、人员培训和操作程序等是否安全。如果乘客不能以较低代价分辨安全水平，他们就不会对航空公司的安全程度采取奖优罚劣的应对措施。如果较高的安全水平代价不菲，而乘客们又因无法确切测度安全水平而不愿为此付费，航空公司自然就不会提供足够的安全措施。结论就是应由政府的专门机构，如联邦航空管理委员会来制定行业的安全标准。

消费者是最聪明的？

这个结论看起来似乎比较可信，但是它忽视了两个简单的问题。第一个被忽视的问题是政府如何能知道有效率的安全水平是什么。即使联邦航空管理委员会完全知晓所有可能的安全措施的成本，它仍然无法获得足够的信息来制定有效率的安全水平，因为它不知道人们对安全水平的估价是多少。没有这类信息，联邦航空管理委员会便无从断定增加额外的安全水平的收益是多少，进而也无法知悉这些收益是大于还是小于增加的成本。

第二个被忽视的问题是人们希望安全地到达目的地，虽然他们无法判断航空公司雇用的飞行员是否合格，他们却可以观察航空公司的飞机是否能安全着陆。如果对于消费者来说最重要的是安全，而不是那些模糊不清且代价不菲才能说明的有关安全的一系列原因，那么消费者无法轻易测度喷气引擎的金属疲劳值这样的问题就会与达成有效率的安全水平完全无关了。

有趣的是，有证据表明消费者确实能够辨识航空公司的安全表现，他们会据此"惩罚"那些运营方式不太安全的航空公司。研究人员发现，在一些致命的飞行事故中，如果消费者发现航空公司有过错，他们就会降低对该航空公司的安全评级（也就是说，他们会高估该公司今后发生类似致命事故的可能性）。结果那些口碑不好的航空公司不得不承受负面的财务后果，这一恶果已经远超飞机损失以及受害者对其起诉所带来的成本。这些研究结论表明，似乎本应是无知的消费者其实对安全问题的清醒认知程度是惊人的。

如何应对恐怖分子？

当然，这个讨论没有涉及如何对待恐怖分子和其他邪恶异端分子带来的安全威胁这个问题。例如，绝大部分用来评估恐怖袭击对安全的威胁的信息都被列为机密，将这类信息披露给航空公司或消费者可能会危及数据的关键来源。因此，还是应由政府大致估测一个有效率的安全水平并依此制定一个安检标准，而不必确切地披露为何如此。与此相似，由于各航空公司在航线上是紧密相连的（这样就可以在旅行中将乘客和行李从一条航线转运到另一条航线），因此，人们还会建议要获得有效率的安全水平需要所有航空公司执行一系列共同的监管规则。即便如此，这也并不能明确地告知我们是应由政府强制颁布这些规则，还是让航空公司自愿达成关于这些规则的协议。

本章以航空飞行比汽车旅行更安全这样一个人们普遍认可的观察作为开篇，然而许多人在乘坐飞机旅行时仍然免不了会为安全问题担心。他们这样是不理性的吗？答案看起来也许是旁观者清。如果按照每英里旅程致死率来计算，飞机旅行要比汽车旅行安全 15 倍（比步行安全 176 倍）。但是这个数字掩盖了这样一个事实，即 68％的飞机事故是发生在起飞和降落期间，而起飞和降落时间只占整个飞行时间的 6％。大概正是这样的事实才使得人们每次进入机场时都会感到莫名紧张。

讨论题

1. 是否有可能存在过度安全？解释一下你所说的过度安全的含义。

2. 假如我们可以观察或测量以下四项航班飞行的资料：（1）飞机的大小（用核定载客人数衡量）；（2）飞行员的飞行经验水平；（3）飞机投入使用的年限；（4）飞机飞行的常规航线的路程长短。哪类航班造成致命飞行事故的可能性最小？可能性最大的呢？

3. 安全会是一种正常商品吗？（正常商品指随着人们收入的增加，人们希望更多消费的那类商品。）根据你的回答来预测北美和欧洲的航空公司的安全记录，将其与南美和非洲的航空公司的安全记录加以比较。然后请到 www.airsafe.com 网站上查询，看看你的预测结果是否与事实情况一致。

4. 许多汽车制造商按常规要在广告中大力宣传其汽车的安全性，而航空公司通常不会在广告中提及其安全性。请你解释一下这种差别。

5. 许多经济学家认为，在经营航空公司方面，私人公司会比政府更可能带来较高的效率。然而许多经济学家认为有充足的理由让政府来对航空公司进行安全方面的监管。请你解释为什么政府可能会更擅长于确保航空安全，即使它在经营航空公司方面并不擅长。

6. 某些职业足球队有时会包机去打"客场"比赛。你认为华盛顿红皮队搭乘美国联合航空的包机是否会比搭乘该航空公司的常规航班更安全？

第4章 财富之谜

为什么有些国家的居民比较富裕，而有些国家的居民很贫穷？脱口而出的答案也许是"因为各国的**自然资源禀赋**（natural resource endowments）不同"。能源和物产丰富、土地肥沃等确实有助于增加财富，但是，自然资源只是答案的很小一部分，正像人们看到的许多反例一样。例如，瑞士和卢森堡几乎没有什么重要的自然资源，然而这两个国家人民的实际收入位居世界最高收入的行列中。与此相似，中国香港，这个只有几平方英里且到处是岩石和山地的弹丸之地，却创造了20世纪的经济奇迹之一。而地大物博的俄罗斯，大量拥有几乎所有重要的资源，大多数人民的生活却陷入了泥沼之中。

大量的研究开始解密**经济增长**（economic growth）之谜。这些研究不断地重复着这样一个结论，即一个社会的基础性的政治和法律**制度**（institutions）对经济增长才是至关重要的。其中政治稳定、保护私有产权，以及以**法治**（rule of law）为基础的法律制度等是最重要的。这些制度激励人们进行长期投资以改良土地以及各种形式的**物质资本**（physical capital）和**人力资本**（human capital）。这些投资增加了**资本存量**（capital stock），进而为未来提供了更长期的增长能力，长期增长的积累效应最终为人们提供了更高的生活标准。

法律体系的重要性

我们再来对比一下不同的法律体系对经济增长的不同效应。目前世界范围内的法律体系都是基于两种基本模式：英国的**普通法系**（common law system）和法国的**大陆法系**（civil law system）。普通法系有意识地限制了政府的作用，并且强调司法体系的重要性以限制政府行政和立法机构的权力。与此相对照，大陆法系则有利于创造一个强力集权的政府，使行政和立法机构拥有按照某种特定利益制定某些特殊条款的权力。表 4－1 列出了分属两种不同法律体系的部分国家。

表 4－1　　　　　　　　不同法律体系国家分类

普通法系国家	大陆法系国家
澳大利亚	巴西
加拿大	埃及
印度	法国
以色列	希腊
新西兰	意大利
英国	墨西哥
美国	瑞典

有研究表明，普通法系是极为重视保护**财产权**（property rights）的，如英国及其前殖民地国家，包括美国。而在法国及前法属殖民地国家，大陆法系更容易对游戏规则——**财产权和契约权**（property and contract rights）结构——进行一些不可预知的更改。这种不可预知性使人们不愿意进行长期的固定资产投资。这一事实极大地放缓了这些国家的经济增长步伐，降低了这些国家居民的生活标准。

这里的原因很简单。如果你知道警察不会帮助你保护你对你的住宅和汽车的权利，你就不大愿意去获取这些财产。同样，如果你不能容易地执行所订立的商业合同或就业合同，你也就不太可能去订立这些合同——因此也就不太可能生产更多的商品和劳务。如果你因为无法确知十年后甚至可能是一年后的游戏规则而无法做出长远规划，你就不太可能做出某种需要数年时间才有回报的长期投资。而普通法系似乎在执行契约和确保产权安全等方面做得更好一些，因此对当下的经济活动和未来较长时间的经济增长都会有较大的促进作用。

制度对经济的影响

对世界上主要国家自 1960 年到 20 世纪 90 年代的经济绩效的研究发现，拥有较强产权意识的普通法系国家的经济增长率比大陆法系国家的经济增长率要高出 1/3。在这 30 多年间，普通法系国家以实际**人均收入**（per capita income）衡量的生活标准比大陆法系国家增长了 20%

还多。如果这种状况持续一个世纪，那么实际人均收入的差距会拉大
到 80%。

另外一些研究的视野更加开阔，在研究经济增长时既考虑到了制度
因素也考虑到了时间因素。诸如政治稳定、保护人们免受暴力和偷窃的
侵害、保护合同并尽量减轻监管负担等社会制度都会为经济增长的持续
发展做出贡献。事实上，正是这些关键的制度因素——而不是自然资源
禀赋——才是导致长期经济增长差距及当前实际收入水平差距的根本原
因。为了说明制度因素的巨大影响，我们来对比一下实际人均收入约
16 000 美元的墨西哥和实际人均收入约 54 000 美元的美国。如果墨西
哥发展和执行了与美国一样的政治及法律制度，现在墨西哥的人均收入
将会与美国的人均收入持平。

制度的起源

既然制度因素在决定长期经济增长上的作用如此重要，人们自然会
提到另一个重要的问题：一国现行的政治和法律制度是如何形成的？要
想回答这个问题，在众多因素中不得不提到疾病。对 70 多个前欧洲殖
民地国家的研究表明，这些国家的情况不尽相同。在澳大利亚、新西兰
和北美，殖民者发现当地的地理与气候条件有益于人类健康，对人们永
久定居颇有吸引力，因此，殖民者们创立了保护私有产权并限制政府权
力的制度。但是当欧洲殖民者到达非洲和南美洲的时候，他们遇到了热
带疾病，如疟疾与黄热病，导致很高的死亡率。这限制了人们永久定居
的积极性并鼓励人们把心思集中在开采金属矿藏、种植经济作物，以及
获取其他资源上。这样人们就很少激励去积极地推进民主制度建设或
建立稳定的长期产权制度。正是不同的原始制度形成了长期经济增长的
走向，而且由于对这些制度的广泛坚持，进而形成了这些国家不同的政
治和法律制度的特点及目前的生活水平。

近年来的制度变迁

近年来的一些重大事件同样昭示了政治和法律制度的影响可能在加
速扩大——好的影响和坏的影响都在扩大。我们来看看中国的情况。中

国于 1978 年开始在两个关键的方面对制度加以变革。第一，中国开始在非常有限的基础和很小的范围内，在一小部分人中试行私有产权制度。第二，中国政府开始清除阻碍外国投资的各种障碍，使得中国成为对西方生意伙伴更加安全的地方。尽管这些制度变迁仍然非常谨慎，但其组合效应是极其巨大的。此后的数年间，中国的经济增长加快了速度，年均增长速度约为 7％。如果这个数字听起来还不算太大，那么请注意，它足以使这期间中国的实际人均收入增长 10 倍！

接下来看一个制度变迁导致潜在破坏作用的例子，我们只要看看津巴布韦就足够了。该国于 1980 年从英国赢得独立时曾是非洲最繁荣的国家。在津巴布韦的首任总统罗伯特·穆加贝（Robert Mugabe）掌权后不久，他就开始废除该国的法律规则，"肢解"曾经帮助津巴布韦人走向富庶的社会制度。他削弱了对土地产权的保护，并最终一并没收全部土地所有权。穆加贝还逐步控制了国内商品和服务的价格，没收了大量食品及大部分可能出口到国外或从国外进口到津巴布韦的有价值的商品。简单地说，任何生产或储备的物品都被列入没收名单。用句不太激烈的话来说，就是无论生产还是储蓄的动机都受到了削弱。

这样做的结果就是在 1980—1996 年间，津巴布韦的实际人均收入下降了 1/3，自 1996 年以来，又下降了 1/3。80％的劳动力失业，投资几乎为零，近年来的年通货膨胀率达到了 231 000 000％。2009 年，津巴布韦放弃了自己的货币，开始使用美元和南非兰特。经过数十年积累起来的人力和资本投资的成果都遭到了毁灭性的破坏，因为可以结出这些果实的社会制度被完全废除了，忽视这一教训是相当危险的。

讨论题

1. 查阅一下诸如《中情局世界概况》（*CIA World Factbook*）或世界银行等数据资料库，收集表 4-1 中所列国家的人均收入和人口数据。比较普通法系国家与大陆法系国家平均的人均收入。根据本章的讨论，在解释国家间生活水平的差异是否受制度不同的影响时，请再列举出至少两项你认为必须要考虑的重要因素。

2. 大多数对生活在低收入国家人民的国际援助基本上采取如下两种形式中的一种：（1）捐赠消费品，如食物等；（2）援建或捐赠资本品，如农业拖拉机、水坝或公路等。根据本章所学内容，判断这两种形式对提高这些国家的生活水平是否能产生永久性效果，并解释你的理由。

3. 美国的路易斯安那州和加拿大的魁北克省都有各自的地方法律系统，它们都深受法国文化传统（包括其民法制度）的影响。据此你判断路易斯安那州的人均收入与美国其他各州相比会是什么结果？魁北克省的人均收入与加拿大其他各省比较会是什么结果？这种预测与事实相符吗？（只要在网上搜索一下，很快就能得到答案。）在分析这些差异是否是因为民法制度不同造成的结果时，列举出至少两项你认为要考虑的重要因素。

4. 假定 A 和 B 两国拥有相同的经济禀赋，比方说一种重要的天然资源。但是 A 国开采铁矿石获得的所有利润都要上缴政府，而在 B 国无此风险。请问这种被征缴的风险对两国的经济禀赋有何影响？哪个国家的人民可能更富裕一些？

5. 根据你对问题 4 的回答，你如何解释在某些国家政府从某一集团征用某些资源，并将其转移给另一个集团的政策会获得广泛的政治支持这一事实？

6. 如果造成某国生活水平低下的关键因素是其法律制度和文化环境中的负面作用，你能否提供一些建议来使世界上其他国家可以帮助该国永久性地提高其生活水平？

第 *5* 章　排他经济学

加利福尼亚的冲浪者和缅因州的龙虾渔民有什么共同点？提示：这可不仅仅是盐水的问题。实际上，双方都设计了巧妙的方法来保护自然资源。这种系统不仅不需要政府的任何帮助，而且即使政府法规帮了倒忙，导致资源浪费，它也能正常运转。

公共财产

如果你见过华盛顿纪念碑的照片，那么你就见过了**公共财产资源**（common property resource）的一个例子。公共财产资源是由一群人共同拥有的资源，由于法律或资源本身物理性质的原因，人们不能将这些资源分割开来单独处置。每一个拥有者（在前文例子中，每一位美国公民）同时拥有对整个建筑的所有权。类似地，多数公路和街道也是公共财产，由相关司法管辖权规定的公民共同拥有。但尽管这些公民拥有所有权，却不能将其中一段道路出售。

公共财产资源的所有权未必归政府所有。实际上，许多公共财产资源并非政府所有。例如，社区游泳池协会的每个成员都拥有这份公共财产（游泳池和周边的土地及建筑），但是该协会的会员资格仅限于愿意支付会员费的人，而不支付会员费的人则会被排除在外。

获取：开放式还是封闭式？

上述情况和公共财产资源的其他例子有一个重要区别。华盛顿纪念碑和社区游泳池协会都属于**封闭式获取**（closed access）的公共财产。在华盛顿纪念碑的例子中，即使你是美国公民，拥有纪念碑的所有权，你却不能想什么时候去参观纪念碑就什么时候去参观。相反，你必须先获得一张门票，上面注明你可以进入该设施的日期和时间段。尽管这张门票不用花钱，但没有门票就参观不了纪念碑。类似地，社区游泳池协会也是封闭式获取的公共财产：只有所有者和他们的客人才能够合法地使用游泳池。无论天气多么闷热潮湿，无论游泳会给你带来多大的满足，如果你不是所有者也不是规定的客人，那你就不可以使用这个游泳池。

现在来考虑街道、马路和公路的问题。在美国或其他国家，几乎所有道路都是**开放式获取**（open access）的。也就是说，无论白天黑夜，任何人只要想使用，都可以合法地使用这些道路。在路上驾车无须支付费用，也无须门票。即使你不是道路的所有者，比如外国人，也可以随意使用。也就是说，和封闭式获取的公共财产不同，没有人能够依据法律阻止你使用开放式获取的公共财产。（收费公路属于封闭式获取——不支付通行费就不能使用。我们将在本章后面部分解释为什么有些道路是封闭式获取的。）

开放式获取的问题

开放式获取资源的好处在于每个人都可以依法随意使用，而无须支付使用费，甚至连一张免费的门票也用不着。但这也是件坏事。以华盛顿纪念碑为例，自 1888 年 10 月 9 日正式开放以来，在营业时间任何人都可以乘坐电梯或沿着楼梯登上顶部。这座纪念碑从一开始就大受欢迎，吸引了越来越多的游客，从而造成了**拥堵**（congestion）。等待入内的游客大排长龙。一到达纪念碑，游客们就得面临着漫长的等待方能乘坐电梯。即使有人能够走上通往顶部的 897 级台阶，这些台阶上也挤满了上上下下的人群，使上下楼的过程缓慢而痛苦。挤进去的人越多，每一个游客就越感到不快。游览纪念碑的人虽然很多，但几乎没有人享受这一过程。

这种拥堵表现出了所有受人欢迎的开放式获取资源的特点。例如，在城市公路上，拥堵表现为时常出现的交通堵塞。这不仅让司机感到痛苦不堪，浪费时间和燃油，而且因为通行速度过于缓慢，交通堵塞还会导致实际通过公路的车辆数量减少。在路上的人很多，但几乎没有人能

够真正获得自己想要的东西——快速到达目的地。

冲浪帮

加利福尼亚海滩沿线地区被称作破浪区，这里的海浪尤其适合高水平的冲浪运动。加利福尼亚法律规定，当海水涨到高潮水位线时，海滩是开放式获取的。这使得破浪区成为经典的开放式获取资源，大量人潮涌入使用该资源，造成了拥堵。人们可以大量涌入破浪区，人数太多使每个人的冲浪体验都大打折扣。用经济学的语言来说，极度拥堵的破浪区是被过度开发了：和将一些冲浪者排除在外的情况相比，这时冲浪者的总满足感实际上减少了。

冲浪的常客们被称作当地人或冲浪帮，他们在许多破浪区反对这种过于拥堵的现象。他们试图在一个地区限制冲浪者的总人数，或者调控冲浪者对海浪的利用。两者的目的都是减少有价值的资源（高质量海浪）的拥堵和过度开发。

冲浪帮采取两种具体的措施。第一种措施是他们在每个破浪区建立礼节性规则。这些规则虽然是非书面形式的，但不会被弄错。这些规则由当地的冲浪帮成员确保实施，有助于确定在一个地点谁可以冲哪个浪。这就会减少冲突，使冲浪变得更令人愉快。这些规则和公路上的规则十分相似，只不过是由个人监督执行，而非政府。

第二种措施是本地化。很简单，不是某个破浪区的固定冲浪者就不许在这个地区最好的地方冲浪。对这一措施及礼节性规则的实施采取的是令人不快的口头攻击，有时甚至是身体攻击。这样一来，破浪区就从开放式获取资源变为封闭式获取资源。

封闭式获取的好处

冲浪帮的行为从两个方面创造了收益，提高了**经济效率**（economic efficiency）。第一，通过限制破浪区的冲浪者人数和实施礼节性规则，拥堵和冲突减少了，冲浪变得更令人愉快。第二，许多地区存在隐藏的危险，例如水下暗礁或危险的洋流，当地人了解这些，会趋利避害。了解某一地区的水流状况能够帮助冲浪者更好地冲浪。拥堵会大大减少或消除用来了解这些因素的时间的投资价值。当非当地人的过度进入被阻止时，当地的冲浪者就会有动力去努力学习掌握当地的情况，积累知识，还可以传给他人。结果就是安全性提高了，大家都能够享受冲浪的过程。

值得一提的是，冲浪帮并不总能获得成功。当破浪区临近人口密集的地区时，非当地人会如潮水般涌入，当地人无法阻止拥堵或实施礼节性规则。这时就会发生过度开发资源的情况，结果就是大家的冲浪体验都大打折扣。

龙虾帮

在美国另一侧海岸，缅因州的龙虾渔民组织了海港帮（也称龙虾帮）来阻止对龙虾渔业资源的过度开发。1997 年以前，缅因州的法律规定龙虾捕捞属于开放式获取。实际上，任何人都可以设网进行龙虾的商业捕捞。

许多人喜欢开放式获取带来的自由，但是这导致了过度捕捞，威胁着缅因州龙虾的生存。因此，在整个缅因州海岸，当地的渔民自发组织了龙虾帮，制定并实施规则，规定谁可以在哪片海域进行龙虾的商业捕捞，以及商业捕捞的实施方法（在允许的地方设置捕捞网）。龙虾帮以外的人初犯会得到警告——在连接捕捞网和标记位置用的浮标的线上打一个显眼的结。如果警告没有奏效，那么这条线就会被剪断（造成 55 美元的捕捞网的损失，以及线和浮标的损失），或者龙虾帮的成员会将捕捞网拉到水面，永久废弃。

严格来说，龙虾帮的这些行为是违反缅因州法律的。但他们这么做的结果是保护了缅因州的龙虾，并使其数量得以增加。如果没有龙虾帮，没有他们的排他行为，在开放式获取体制下，所有人都可以任意进行商业捕捞，龙虾数量就会骤减至十分之一。

帮派和纪念碑

当国家公园管理局（NPS）决定通过收取门票的方式对华盛顿纪念碑采取封闭式获取的管理方式时，它并未违反法律。冲浪帮和龙虾帮的做法严格来说是违反法律的。然而，国家公园管理局和这些帮派的行为都对资源起到了保护和巩固的作用，如果采取开放式获取，这些资源的价值就会被毁掉。

在开放式获取时，参观华盛顿纪念碑最终会变成游客漫长难熬的经历。收票制度下的封闭式获取极大地改善了在纪念碑的游览质量。而且，由于这一制度将游客的人流分散在一天的各个时间段，实际上国家公园管理局每年能让更多游客参观这个景点。

在开放式获取时，即使最好的破浪区也会带给人低质量的冲浪体验。因为人群过于密集会导致拥堵和潜在危险，冲浪者必须等待很久才能冲上一小段浪头。冲浪帮实施的封闭式获取和礼节性规则不仅显著改善了当地人的冲浪体验，也提高了安全性，因为冲浪者有了更大的动力去了解当地的危险因素，并将这种知识传给一同冲浪的人。

在开放式获取时，缅因州的龙虾渔业濒临枯竭甚至灭顶之灾（参见第 25 章了解关于全球渔业开放式获取导致威胁的更多内容）。在封闭式获取时，缅因州的龙虾帮通过减少捕捞压力保护了资源，帮助龙虾数量增长到了历史最高水平。①

不劳无获

当然，在每个案例中都有些人的境况变糟了，变得不开心了。未能认真计划游览纪念碑的人们往往会失望，因为他们无法获得门票，或者不能在最适合自己的时间入内。类似地，前往破浪区的冲浪者受到当地冲浪帮的限制只能去较次的地角冲浪。在缅因州，没有获得许可的外部人员如果企图捕捞龙虾，那么只会损失自己的捕捞用具。

实际上，想要确保当开放式获取资源变成封闭式获取资源后没有人会变得更糟几乎是不可能的。例如过路费和过桥费能有效减少车辆拥堵，增加交通流量。和交费快速行驶相比，有些人可能喜欢不交费慢慢行驶。有些人甚至会为了不缴纳过路费而被迫采用比最初那条非常拥堵的路线更不便利的路线。显然过路费会让这两种人蒙受损失。

即使这样，实践仍多次证明，限制人们获取拥堵的资源或过度开发的资源会提高绝大多数个人的福利，从最广泛的意义上增加人类的财

---

① 自 1997 年以来，缅因州开始采用发放执照的方法限制商业性龙虾渔民的人数，并限制了每个人可以设置的捕捞网的数量。这两个举措都有助于渔业实行封闭式获取，从而帮助龙虾帮保护了缅因州龙虾的数量。

富。的确，当我们讨论的开放式获取资源是自然资源（如渔业资源）的时候，限制使用——排他——往往是我们保护这些资源的唯一方法，因为我们享用这些资源会毁掉它们。在一个充满稀缺性的世界，这是一个无法避免的事实。

讨论题

1. 你居住的房屋或公寓是开放式获取资源还是封闭式获取资源？如果目前它是封闭式获取资源，当它变成开放式获取资源时，也就是说，任何人都可以在任何时候以任何方式使用该房产，那么你对待它的态度会有什么变化？

2. 请解释为什么你的教室是封闭式获取资源。如果教室是开放式获取资源，即任何人都可以在上课时进来开联欢会，这会对你的教育质量产生什么影响？

3. 参考问题 2，联欢会和教育都是良品（goods）。也就是说，通常情况下，人们对这两种产品都希望得到越多越好。你是否认为在上课时人们不应该在教室里开联欢会？你能不能提出一个一般性的原则，来帮助校方规定什么时候你的教室应该是封闭式获取资源而不是开放式获取资源？你提议的规则是否会使一些人的情况变糟？如果有人情况变糟，会是谁？

4. 一些名义上的封闭式获取资源实际上是开放式获取资源。例如，为了开车进入黄石国家公园，每人必须支付 25 美元费用。但是在游人很多的夏季，如果仍只收取 25 美元，就会有大量游客想要开车进入公园，公园的公路将会无法承载这么多车辆。结果就会造成路面严重拥堵，空气污染，人们脾气暴躁。实际上这时的公园几乎就是开放式获取资源，大量游客涌入，谁也玩得不开心，至少在旺季是这样。国家公园管理局只需提高门票价格就可以将黄石公园变成封闭式获取资源。请解释这么做将会使谁受益，使谁吃亏。你认为为什么国家公园管理局目前拒绝提高门票价格？请解释。

5. 人们普遍认为，想要参加超级杯的人数要多于实际参加的人数。原因大概是许多人因为高价门票望而却步，因为票价动辄高达几百美元。假设国家通过了一项法律，使想要参加的人们甚至连张票都不用买就可以参加，那么参加超级杯的情况会发生什么变化？进入体育场需要什么条件？根据该法律，谁会受益，谁会吃亏？

6. 几乎所有私人拥有的资源都属于封闭式获取，而许多（也许是大多数）政府所有或控制的资源都是开放式获取。对于这一现象你如何解释？

第 6 章　公路费为谁交？

如果你遇到过高峰时段的交通拥堵，你就会明白稀缺产品价格为零时会发生什么事了。在这种情况下，稀缺产品是公路行车，当行车的货币价格为零时，就会有别的东西来对需求产品的数量进行分配。在高峰时段（在洛杉矶、纽约、西雅图、亚特兰大等地区的其他大部分时段也是这样），这种能够分配行车需求的"东西"就是时间——驾驶员堵在路上的时间。

开车的成本

当一个人开车的时候，会产生各种成本。如开车的**私人成本**（private costs），包括燃油、机油、汽车磨损、驾驶员的时间等价值。[①] 这些都需要驾驶员来承担，因此在决定是否开车上路，行驶多少里程的时候，驾驶员会将这些成本和开车的收益进行权衡。如果开车只需考虑成本，那么我们的讨论就可以就此打住了。如果驾驶员会像比萨饼的消费者那样承担自己行为的全部成本，那我们就无须继续考虑其他问题了。但是在世界上许多地方的大多数日子的某些时间段里，开车还需要付出另一种成本——拥堵，而承受拥堵后果的人并非只有导致拥堵的人自己。

在任何道路上，在车流量达到一定程度时，再进入更多车辆就会造

---

　　① 在理想的状况下，汽车的执照费和燃油税应当准确地反映维修路面和维持交通的成本。这样，驾驶员就不仅仅要为自己的汽车和时间支付金钱，还要支付路面维修费用和交警管理费用，以确保行车安全。

成车流速度减慢。一旦这种被称作拥堵的情况发生，每增加一辆车就会使车流速度变得更加缓慢。最后，车流甚至会完全停止。在这种情况下，每一个驾驶员都在隐蔽地无偿占用一种属于其他人的有价值的资源——其他驾驶员的时间。除非驾驶员需要为他们造成的**拥堵成本**（congestion costs）付钱，否则就会发生这样两件事：第一，在公路上开车的货币价格太低了，导致资源被浪费。第二，驾驶员花费在路上的时间的价值在分配行车的需求量。

减少拥堵的好处

为什么经济学家担心拥堵？因为它的存在提出了这样一个可能：如果对使用公路的人们收取公路使用费，则会增加他们的幸福感。这种货币价格叫作**通行费**（toll），会导致驾车人数减少。有些人会蹭别人的车；有些人会采用公共交通方式；还有些人可能远程办公，根本不去办公室了。

驾车人数的减少会减少拥堵，从而节约了那些继续驾车的人的宝贵时间。实际上，通过向驾驶员征收通行费，可能会有更多的人能够在任何时段准时顺利抵达目的地。当交通状况濒临停滞的时候，这是显而易见的。通行费会阻止一些人驾车上路，从而使留在路上的车辆能够动起来，到达目的地。而即使当交通车流因为拥堵而大大减缓时，这个普遍性的原则仍然适用：通行费既能提高车流速度，也能提升驾驶员的幸福感——对于那些受够了堵在路上的人来说，这毫无疑问具有足够的吸引力。

为什么不收通行费？

那么，我们为什么没有看到公路上广泛收取通行费呢？给收费公路定价的第一个障碍是收取通行费需要成本。直到前不久，这些成本还一直居高不下，足以抵消许多好处。早期的收费公路，例如宾夕法尼亚和新泽西的收费公路设有收费亭，一天 24 小时都需要工作人员在岗。通行费需现金支付，车辆必须在收费亭停车缴费。显然，这么做会造成拥堵状况，而收费亭本应减轻拥堵。

但在过去的 20 年里，几乎所有的收费公路都改装了电子收费系统，将这种成本大大降低了。一种叫作自动收费器的便宜的小型电子设备可以安装在要通过收费公路的汽车上。自动收费器将识别信息传送给悬挂在公路上方的收费站接收器。还可以在收费站安装高速摄像头，将经过收费站的车牌号码记录下来。无论采用哪种方式，汽车甚至无须降低行驶速度就可以在经过时让收费站将车牌信息记录下来。经常通过这段公路的驾驶员可以在收费站建立账户，每次通过时将自动扣除通行费。没有设立账户的驾驶员在月底会收到一份账单，往往会额外加收寄送账单的服务费。

在采用高速摄像头或者自动收费器的系统中，电子收费极大地降低了使用货币价格来分配公路使用权的成本。结果，交通拥堵有所减轻，经济效率有所提高。驾驶员开心，政府也能获得额外收入。

搞错了……

给收费公路定价的第二个障碍是驾车成本变化有时带来的无法预知的结果。与通常的私人供给物品不同，每一段公路都是公路网络的一部分。因此，这一系统的一个部分收费发生变动有时会对其他部分产生巨大影响，不利的影响会显著抵消通行费带来的益处。

例如，岛国新加坡在第二次世界大战后的几十年中出现了世界上最糟糕的交通状况。因此，新加坡政府在 1975 年试行收费公路制度，对交通高峰时段进入中央城区的车辆征收费用。连同其他交通控制措施，这种收费法在高峰时段将新加坡中央城区的交通流量减少了 45%，使车流速度几乎翻了一番，达到每小时 22 英里。但这一系统也存在问题。例如，中央城区外围的交通堵塞变得更糟，这是因为驾驶员在寻找无须付费的路径。而且，在通往中央城区的道路上，高峰时段的车流减少带来的是 7：30 之前和 9：30 之后车流量的激增。

除了这类公路网络问题，仅仅是预测驾驶员将会对一项收费制度做出什么回应就够难了。例如佐治亚州的亚特兰大于 2011 年在市中心东北方向的 85 号州际公路上长达 15.5 英里的一段路上设置了"快车道"。搭载乘客的私家车可以免费通过这段路，但如果车内只有驾驶员就必须支付通行费。一开始，市政府对通行费设定得过高，无法将驾驶员从免费车道吸引过来，快车道的收入只能弥补设计规划费用的近四成。实际上，驾驶员对高昂的通行费非常气愤，有些人在脸书上怨声载道。

……还是对了

有时通行费能够立刻获得成功，例如英国伦敦。从 2003 年开始，进入伦敦中心市区的驾驶员被收取 5 英镑的通行费（也被称作拥堵费），结果车流量减少了 20％，平均车速也有了提高。从那以后，伦敦的人口在逐年增长，因此拥堵费也在不断增长，现在每辆车平均要交 11.5 英镑。尽管和 2003 年相比，现在的居民人数增长了约 10％，但伦敦中心市区的交通拥堵仍然比收费之前的情况要好。

瑞典的斯德哥尔摩在 2007 年设置了永久的收费系统。在早上 6：30 和晚上 6：30 之间进入中心市区的驾驶员必须支付拥堵税，费用根据时间段的不同从 1.5 美元到 3 美元不等。市政府预测车流量会减少 20％到 25％。大多数居民似乎宁可支付费用，也不愿忍受交通拥堵。

尽管在收费的初期并不顺利，亚特兰大和新加坡现在似乎已经解决了问题。2012 年，亚特兰大下调了通行费，结果采用快车道的车辆激增，缓解了其他车道的交通负担。通行费收入翻了一番还多，现在已经超过了早期预测的最乐观的情况。新加坡扩展了收费制度，使其更平均地覆盖各条公路。根据时间段收取的高额通行费最初曾导致一些驾驶员采取极端措施来避免付费，如一些驾驶员为了等候通行费下降，甚至将车子停在公路上，但现在这些极端措施也减少了。在这两个城市，随着驾驶员逐渐体会到了支付金钱节约时间的好处，人们就不再抱怨公路收费了。

定价的政治手段

给收费公路定价的第三个阻碍，也许是最大的阻碍，那就是大多数公路是由政府运营的，而不是私人企业。对收费公路定价的决定必须经过政治程序，这必然意味着经济学家关心的效率很可能会被政治方面的考虑取代，如需要考虑应当由谁支付，支付多少等。在人口稠密、拥堵严重的香港进行的民意调查有助于我们理解会产生什么后果。

尽管香港的驾驶员和非驾驶员几乎都认为香港的交通拥堵非常严重

（分别为 84.5％和82％），但在应当采取什么措施方面，他们的分歧很大。驾驶员希望修建新路，大概是因为这样会将缓解拥堵的部分成本转移到非驾驶员纳税人身上。相反，非驾驶员认为开车的负面经济影响，如通行费和执照费必须放在首要位置上——大概是因为这样就会将更多负担转移到驾驶员身上。公众观点的这些分歧使私人部门对公众拥有的道路产生的拥堵进行治理的措施难以实行，这在世界各地都是如此。结果就是太多的道路收费过低或根本不收费——从而使拥堵现象无法改善。

通行费以外的方法

为公路收费的做法令许多人感到匪夷所思。许多人会说，如果我们想要减少现有公路上的汽车拥堵，可以采用另外两种方法。第一个方法是多修道路，从而让更多汽车有路可走。第二个方法是创建或扩大大众交通系统，这样会令一些驾驶员放弃开车，为其他人留出更多道路。

这两个方法的确会减少拥堵，但只会暂时有效。新公路或大众交通系统一旦投入使用，客流量就会快速增加：有些人会增加出行次数，有些人会延长出行时间，还有人会乘交通改善之便换工作、搬家。过不了几年，拥堵就会变得和最初一样糟糕。实际上这种重新拥堵的过程是完全可以预见的，它甚至还有一个名称：道路拥堵基本法则。例如，给交通系统增加 10％的运力，就会导致出行人次增加 10％，致使拥堵状况在长期毫无改善。这并不意味着道路增多或大众交通设施不好——毕竟它们允许更多人出行，只是这两种方法在长期对拥堵起不到缓解作用。

长期的解决方案

政治家似乎不可能放弃修建公路或改善大众交通系统，但是利用价格的力量来减少拥堵的方法逐渐得到共识。早在 20 世纪 90 年代，南加利福尼亚就开始在机动车道上增收通行费，设置快车道。快车道最初传播到其他地区的速度非常缓慢，到 2009 年仅仅出现了 11 处。但自那以后，这个数字翻了一番，越来越多的快车道和全新的收费公路正在施工。而且，价格机制的复杂程度每年都在增加。弗吉尼亚州费尔法克斯县的快车道系统就是一个很好的例子。在那里，每英里的收费价格会随着交通状况的变化每 15 分钟变动一次。当路面通畅时，价格是每英里 20 美分，但是在高峰时段，驾驶员就得支付每英里 1.25 美元以获取畅通出行的特权。

现在美国有 5 400 英里的公路需要收费，这比 10 年前增长了 15%。随着收费公路的运营商在根据交通状况调整收费的方面不断积累经验，它们会越来越擅长减少拥堵，将交通出行更平均地安排在全天各时段。伦敦、新加坡和其他地区的经验表明，可以根据人口压力的增长情况来调节定价，长久地缓解道路拥堵状况。通行费的广泛使用说明经济效率提高了，从中获取的收入减少了增税修路的压力。因此，正如价格机制能够确保我们获得想要的食物、衣服和栖身之所，它也能帮助我们从容不迫地按时上班。

讨论题

1. 除了收取通行费，一些地区还采用其他手段来减少主干路的拥堵，例如在高速公路的上匝道上安装限行交通指示灯。从经济学的角度来看，这种体系有什么缺点？

2. 如果收取通行费的目的是使驾驶员行为的私人成本等于总成本（包括拥堵），收费的金额是否应当取决于车内有多少乘客？或者应当取决于车辆的大小（或根据小轿车、卡车、公交车进行区分）？还是应当取决于收取费用的时间段？

3. 假设当你吃比萨饼的时候，你只需为饼皮付钱，而无须为馅料付钱，那么会发生什么事情？（1）你吃的比萨饼的数量会发生什么变化？（2）每个比萨饼上馅料的质量会发生什么变化？如果你已经完全适应了馅料免费的定价制度，你消费最后一份馅料的边际价值应该是多少？（你可以给出一个具体的数字。）假设馅料是稀缺商品，这是否等于最后一份馅料的边际成本？你消费的馅料数量是否是有效率的？消费的比萨饼呢？

4. 假设通过支付 5 美元使用快车道，你能在上班的路上节约 6 分钟，这 6 分钟你可以用来在办公室工作。从你的角度来看，支付了通行费以后，你的每小时工资或收入应当进行怎样的调整？将这份工资与美国每小时平均工资或收入进行比较，根据比较结果，预测在快车道上只承载一人的汽车的平均价格和行驶年限与同一条公路上其他车道上同样的车辆相比有何不同。

5. 假设一处郊区通过一条双排道公路与中央商业区相连，其中一条车道需要收费 5 美元，另一条车道免费。如果每个人的时间价值为每小时 20 美元，那么收费车道最少需要节省多少时间才会让驾驶员觉得付钱是值得的？

6. 假设一条公路上既有快车道也有免费车道，无论多少人乘车，所有通过快车道的车辆都必须支付通行费。请预测在高峰时段快车道上的汽车平均数量和其他车道上的汽车数量相比会如何。

第二篇

供给与需求

第 7 章　性交易、酗酒和吸毒

1914 年以前，可卡因在美国是可以合法使用的，如今它却是非法的了。酒精类饮料现在在美国是合法的，可是在 1920—1933 年间它是非法的。目前在内华达州卖淫业是合法的，可是在其他 49 个州则是非法的。① 所有这些商品——性、酒和毒品——至少有一点是共同的：对它们的消费把有意愿的卖家和有意愿的买家联系到了一起，完成了一项双方得益的交易，至少从当事双方的角度来看是如此。部分由于这个原因，禁止对这类商品进行消费的努力并不很成功，而且还对这些商品的生产、分配及使用造成了一些畸形的影响。我们来看一下其中缘由。

针对供给方的执法行动

当政府在寻求阻止人们的自愿交易时，通常必须要决定矛头应该指向买者还是卖者。在大多数情况下——当然也包括涉及性、酒和毒品的领域——政府的矛头通常指向卖者，因为这是政府的执法投入可以获得最大收益的领域。可卡因或海洛因的经销商，即使是一个很小的零售推销者，每天至少都会供给数十人，就像在禁酒令时期的非法地下酒吧一样。而一名妓女一晚可能会为 3～10 名嫖客提供服务。将这些供给者关到牢里就可以阻止数宗甚至数百宗交易的发生，这通常在投入成本上远比一个一个地去抓买者要有效率得多。并不是警察忽视了非法物品的消费者，事实上警察的钓鱼行动——警察装扮成非法商品的贩卖者——也

---

① 这些说法并不完全正确。现在可卡因是可以通过医生的处方合法取得的。而卖淫业也只是在内华达的个别郡才是合法的。而美国有些郡仍然禁止销售啤酒、葡萄酒及蒸馏的酒。

常常见诸报端。然而，大部分执法努力都集中在供给方上，我们也在这方面多花些笔墨。

针对非法商品供给方的执法行动会大幅增加供给者的经营成本。罚款、坐牢，甚至可能遭受暴力侵害等风险都会成为做此类生意的成本，现有的及潜在的供给者必须要考虑这部分成本。某些从业人员可能会转行，将其才智用于其他生意，而另一些从业人员则转入更加隐蔽且成本增加的地下活动中以躲避警方的打击，还有一些人则限制其愿意继续进行交易的客户圈子以尽量减少被警察装扮成客户的可能性。总体来说，经营成本变得越来越高，从而在既定价格下，产品的可供货源越来越少。由于供给的减少，结果就是该商品的价格上升。

从一定意义上讲，这种价格上升正是执法当局有意追求的，因为性交易、酗酒和吸毒的消费者也是按照**需求定律**（law of demand）行事的：商品价格越高，消费数量就越少。所以针对非法商品销售者的执法行动的直接效果是减少了购买者对非法商品的消费数量。不过，这种措施还有其他一些效应。

暴力的出现

因为我们讨论的商品是非法的，在经营非法商品上有**比较优势**（comparative advantage）的人会被吸引到供给这些商品的生意上来（可能也会有需求）。有些人可能已经有了犯罪记录，相对来说不在乎再添上一笔，有些人可能是在从事其他犯罪活动时练出了逃避打击与惩罚的本事，还有些人纯粹是把这种非法活动当作蔑视社会、玩世不恭的手段。归根结底，当某项活动被列为非法时，那些长于犯罪的人就会被吸引到这项活动中来。

非法的合同通常不能通过法律渠道来得以执行，即使可以，也不会有非法商品贩卖者傻到因自己所售商品没有收到货款而去向警察投诉，因此，非法商品买卖双方必须频繁地诉诸私人手段以解决合同执行中的争端，这常常会引发暴力冲突。因此，那些喜好打打杀杀的人就常常聚于此类非法活动中，并有较强的激励去发挥他们的专长。这就是美国在禁酒令期间谋杀事件上升到创纪录的高度，而在酒类商品又重新获得合法地位后这类事件又大幅下降的原因之一。这还有助于解释为什么20世纪80年代与毒品相关的杀人案飙升，以及为什么在许多大量滋生毒品的城市中汽车枪战事件频繁发生。20 世纪 30 年代的汤普森式冲锋枪及 80 年代的 MAC-10 式冲锋枪都是很便宜的解决合同争端的手段。

使用习惯的变化

执法当局努力消灭贩售非法商品的行动还有另一个效果。根据目前的批发价格，价值 30 万美元的纯海洛因的重量大约不足 10 磅，而价值 30 万美元的大麻的重量则有大约 200 磅。任何一个毒品贩子都明白，藏匿 1 磅违禁物品比藏匿 50 磅要容易得多。这样，为了避免被发现和被起诉，非法商品的供给者就会有激励去交易价值及效力更高的产品，对于毒品和酒类来说，就是要出售纯度更高的品种。在禁酒令期间，酿私酒的人全力酿造烈性酒而不是啤酒和葡萄酒。即使是现在，很多走私烈性酒的酒精度也大致是合法的烈性酒如波本威士忌、苏格兰威士忌和伏特加等的两倍。自 1914 年起，致幻麻醉药品被列为非法药品，毒贩进口商们就将目光从相对温和的鸦片转到了价值更高、效力更高的衍生品——海洛因上了。

非法商品的交易向效力更高的品种转化这种趋势，因针对使用者的打击行动而得到了加强。像供给者一样，这些商品的使用者发现不仅是私藏效力更高的非法商品相对更加容易，成本更低，而且使用者受到惩罚的相对价格也发生了变化。通常，法律规定对使用非法物品的惩罚力度要远低于对贩卖非法物品的惩罚力度。但是，对于每一类违法行为的惩罚，则无论其单位价值是多少，通常都是一个标准。例如，在禁酒令时期，一瓶葡萄酒与一瓶更加昂贵且酒力更强的烈性酒的非法程度是同样的。今天，拥有一克 90％ 纯度的可卡因与拥有一克 10％ 纯度的可卡因受到的惩罚是一样的。在既定数量下，被抓这一固定成本，即法律制裁是相同的，而与该违禁品的单位价值及效力高低无关。因此，法律处罚的结构提高了较低效力违禁品的相对价格，这就鼓励了人们使用效力更高的违禁品——用海洛因代替鸦片，用大麻提取物代替普通大麻，用烈性酒代替啤酒。

针对使用者的惩罚还鼓励了人们改变对这类违禁物品的使用方法。1914 年以前，可卡因是合法的，因此被公开地用作一种温和的刺激，很像现在对咖啡因的使用。可卡因甚至是最原始形式的可口可乐的配方之一。在这种物质被宣布为非法后，这种少量的在较长期间固定剂量使用的方法就变得十分昂贵了。与集约式使用——一次性大剂量消费的方式相比，粗放式使用——长时间小剂量使用更容易被执法当局发现，因为这需要长期拥有此类违禁品，而且要频繁地进货。因此当某种物质被宣布为非法后，消费者则有激励转向更集中地使用此类物品。1914年以前，人们的普遍做法是使用高度稀释了的液态口服剂，此后，人们开始改为吸食或注射的方式了。在禁酒令时期，人们每天晚餐前的开胃鸡尾酒都被取消了，在为数不多的喝酒机会中，人们一旦能够喝酒，就常常会喝醉。这种现象在今天也是如此。现在21岁以下人群消费酒精类饮料的频率比21岁以上人群要低得多，但是一旦他们开始喝酒，则更容易喝醉。饮酒作乐是常态。

信息成本上升

不出所料，非法商品的供给者不愿意公开做广告，因为警方和潜在的顾客一样会看广告牌与电视。他们同样不愿意建立易于识别的标志以及固定的经营场所和营业时间，因为这样增加了被警方抓获的风险。有关待售商品价格和质量的信息都是地下的，这对消费者来说可不是什么好事。

对于合法的商品，消费者可以有多种渠道获得商品信息，比方说从朋友口中、广告及个人使用感受中获得。合法的商品可以有商标标志，商标有法律保护而不能被合法地复制。有了这样易于辨识的品牌标志，消费者就可以知道每种商品的质量和价格信息。如果他们的使用感受没能满足其期望，他们就再也不会购买该品牌的商品了，从而保证了不再受到不称心商品的困扰。

当某种产品成为非法的时候，人们就很少有机会获得必要的信息了。品牌名称不再受到法律保护，伪造知名品牌的事件就相继发生了。当商品与预期不符时，消费者也很难惩罚供给者。结果常常就是产品质量不断下降并充满了风险。对于消费者来说，对这类非法商品的消费就常常会很不愉快，甚至有时会有致命的危险。

危险的性

接下来我们来看看卖淫的例子。在内华达州的几个卖淫合法化的郡，妓女要在当地政府注册，而且她们会在设施良好的妓院里从事经营活动。这些妓院可以公开地打出广告并极度依赖回头客的光顾。政府卫生当局会为妓女们每周做一次性病检查，每月做一次 HIV（导致艾滋病的病毒）检查。这与其他那些将卖淫列为非法活动的地区形成了鲜明对照。其他地区的妓女通常是在街头游荡，因为设施完备的固定场所太容易被警方发现并捣毁。他们只好不断地更换地点以躲避警察的搜捕。在这些地区很少会有回头客，在绝大多数情况下，嫖客和妓女以前都不认识，而且以后也不会再见到。

这种差别的结果是令人震惊的。在内华达州，因合法妓女而传播的性病几乎没有，而且到现在为止，内华达州合法注册的妓女还没有人检测出艾滋病阳性。与之形成对照的是，在内华达州以外的一些主要城市，妓女中患有性病的比率几乎高达 100%，感染 HIV 病毒的百分比也达到了两位数。因为在非法商品市场上缺乏足够的可靠信息，消费者通常无法准确知道他们所得到的商品和服务的质量，结果他们常常会得到一些"物超所值"的商品和服务。

致命的毒品和酗酒

再来看酒精和毒品。现在，酒精饮料大量地做广告以建立其品牌名声，并由信誉卓著的经销商来经销。如果经销商在产品的品质上稍有偏差，消费者则随时可以通过不再光顾、转告亲友，甚至诉诸法律等方式对经销商加以惩处。1914 年以前，包括鸦片和可卡因在内的数百种物品的情况都与此类似。

在禁酒令时期，酒类消费者往往并不确切了解他们所购买产品的质量，如果第二天他们对产品感到不满意，他们也不知道到哪里能找到供应商算账。有些转眼就消失的不法商贩常常会在酒中掺入能够致人死亡的甲醇。如果浓度较小，它可以使那些兑了水的酒喝起来味道不那么淡，但是只要浓度略有增加，甲醇就会使无辜的饮用者失明甚至丢了性命。即使在某些"信誉良好"的地下酒吧，也就是第二天有可能在同一地点营业的酒吧，那些标签完好、标价不菲的外国进口威士忌的瓶子被重复装入当地非法生产的劣质威士忌，直到那些标签污损不堪。

20 世纪 70 年代，很多想要购买高纯度大麻——广受赞誉的巴拿马红或阿卡普尔科金——的消费者最终收到的却是纯度很低的罐装大麻茎、种子，甚至有时是牛茎的混合物。可卡因的购买者不仅要担心产品在供应环节中因掺杂了其他物质而被稀释了多少，还必须要考虑产品是用什么物质来稀释的。近年来，零售领域的可卡因纯度在10%～95%，海洛因的纯度在5%～50%。稀释剂可能会有多种形式，如糖、当地的麻醉药品、奎宁或者安非他命，偶尔甚至会使用老鼠药。

我们前文中已经说明对于违禁物品的使用者施行处罚，会使得他们以效力更高、更集中的形式来消费该种物品。这一事实以及违禁品的质量和纯度难以保证，从而对消费者产生了致命的后果。在禁酒令时期，因过量饮酒所致急性酒精中毒而造成的死亡率大约相当于现在的30倍。仅仅在1927年一年内，就有12 000人死于急性酒精中毒，更有数千人因饮用假酒劣酒而失明甚至丧生。如今，每年约有8 000人直接死于使用可卡因或海洛因。据估计，这些死亡者中大约有80%是死于因没有预料到毒品的效力而致过量使用，或者是死于稀释剂的不良反应。很显然，"货物出门，概不退换"这句话对于违禁品的消费者来说真是一句值得认真考虑的箴言。

信息与互联网

对于违禁物品来说，市场上信息的重要性因互联网日益增强的作用而越发凸显出来，互联网正在被用于性服务上。在过去的20年间，世界各地都涌现出一些网站，供妓女在上面为其服务和价格打广告。客户甚至可以发布评论，就像人们在"猫途鹰"（TripAdvisor）网站上评论餐馆或酒店一样。还有一些网站供妓女交换客户信息——当然不能提客户名字，但是她们会交流客户是否喜欢暴力或者事后付不付钱这样的信息。甚至还有网站供买卖双方发布性健康检查证明。

越来越多的证据表明，这些网站对买卖双方都能产生有益的影响。供给方不必在街上游走，因为在公共场合展示她们的身体不再是广告的唯一方式。而且，哪个客户喜欢暴力这样的信息传播飞快，这会减少供给者受到暴力攻击的概率。从需求方来看，客户更有可能获得自己喜欢的服务，而不是避之唯恐不及的服务。有时候，买卖双方能够越过老鸨或皮条客这些中间人，不必让他们分一杯羹。

有些地区还出现了另一种现象，当大麻用于医疗用途是合法的，尤其在法律允许所有成年人吸食大麻地区的互联网上，可以看到客户对不同种类大麻的评论，供给方会像其他商品一样给自己的产品打广告。产品的质量提高了，从而买方和卖方面临的法律和人身风险也大大降低了。这些地区对大麻的消费量增加了，但是未成年人的消费量没有增长，大概因为供给方不想因为非法销售而被吊销执照。

成功是有限的

本章开头我们就说明了将某商品列为非法商品会提高其价格。人们可能会问，能提高多少呢？在 20 世纪 90 年代早期，美国联邦政府花了大约 20 亿美元以试图阻止从哥伦比亚进口可卡因。一项研究的结论表明，与美国联邦政府如果在阻止可卡因进口这件事上无所作为相比，它的努力反倒使得可卡因的价格上升了 4%。该项研究估测，使可卡因价格上升 2% 的成本大约是 10 亿美元。而诺贝尔奖获得者加里·贝克尔（Gary Becker）和他的同事们的一项研究测算认为，美国每年花在对抗毒品上的成本至少有 1 000 亿美元。而结果呢？可卡因和海洛因的价格都降低* 到了创纪录的水平。

几年前，美国大多数州和联邦政府开始限制含有伪麻黄碱的治疗感冒药物，因为这种成分被广泛用于在家庭内部非法制造具有刺激性的甲基苯丙胺。这种限制很成功地减少了家庭生产的甲基苯丙胺，却导致了从墨西哥进口大量效力更强的甲基苯丙胺。总体来说，无论是对甲基苯丙胺的消费还是对其成瘾的程度都没有因对其加以限制而有任何减少。不过，由于进口的毒品纯度更高而导致过量吸食的现象倒是极度上升了。而且，在这些药物作为感冒药被取缔之后出现了家庭作坊生产，虽然并非本意，却导致了致命的结果。混合工序常常出错，一旦出错，产生的爆炸会导致可怕的结果，有时甚至导致人员头部和上身烧伤，致人死亡。许多急诊室和医院烧伤科挤满了因此受伤的人员。

再来看看政府在 20 世纪 20 年代到 20 世纪 30 年代期间为禁止酒类消费而做的努力。这项努力太失败了，发布禁酒令的《美国宪法第十八修正案》（Eighteenth Amendment）成为美国历史上第一个，到现在为止也是第一个最终被撤销的宪法修正案。至于卖淫业，这个被称为世界上"最古老的职业"则一直繁荣"娟"盛，至今不衰。

---

　　* 译者怀疑原书此处有误，应为上升。——译者注

政府在废止性交易、酗酒和吸毒方面无能为力，并不代表着它的努力完全失败。事实上，这些举动的效应在一系列后果中很好地加以体现了，从掺杂的毒品、劣质有毒的假酒到饱受疾病折磨的妓女，结论就是当政府试图阻止能为双方带来好处的交易时，即使再怎么好的努力也很难取得辉煌的成功。

讨论题

1. 从经济学的角度来看，通过法律禁止某些危险或有破坏性的活动是否有可能过于严厉了？解释你的理由。（小提示：重读一下第4章。）

2. 近年来，美国约20个州通过了所谓医用大麻的相关法律，其基本特征是，此类法律允许个人合法地从有资格的药店购买大麻，前提是他们拥有医生开具的建议使用大麻的处方。据观察，在这些州，医用大麻的价格比街上非法售卖的大麻价格更高。请用本章的基本逻辑来解释：（1）为什么人们愿意付高价购买医用大麻？（2）为什么将医用药品和非法药品的表面价格进行比较具有误导性？

3. 目前美国联邦政府对酒类征税的方式是以1加仑100度的酒为基础计算的。这里的"度"是美制的酒计量单位，100度的酒是指含50%的纯乙醇酒精，大多数烈性酒为80度，或者说含40%的酒精，而葡萄酒通常是24度左右，大多数啤酒则为6~10度。如果政府征税方式改为只严格地以其容量为基础征收，而不再考虑其纯度，那么酒类的消费类型会发生什么变化？

4. 在禁酒令时期，有些地下酒商施加贿赂以确保不会受到警方打击。你认为这些地下酒商提供的酒的质量会比不施加贿赂酒商的酒的质量高还是低呢？你认为这两类酒商的顾客会有什么不同？比方说，他们的收入水平有何不同？

5. 内华达州和新泽西州的卖淫业有两个重要的区别：（1）在新泽西州，因为政府一直在努力清除妓女，所以她们要承受很高的经营成本；（2）新泽西州的客户们也要冒着从妓女那里感染性病的很大风险，因为这个行业的非法性质使得客户们要花费很大代价才有可能获得关于产品质量的可靠信息。在这种情况下，你认为哪个州妓女的服务价格可能更高？哪个州的消费数量可能更高（剔除人口差别的因素）？请解释一下你的答案。

6. 按照美国公共卫生署（Surgeon General of the United States）的观点，尼古丁是人类已知最易致瘾的药物成分，美国每年大约有30万~40万人可能死于吸烟。为什么烟草在美国却不是非法的？

第 8 章　全搞砸了

我们正在经历着一场能源革命。这是一场气体——天然气的革命，从地下涌出，数量之多，史无前例。它正在改变我们的空调和房屋取暖的供电方式。一些观察家认为，这一革命正在使我们变得更加富裕，使环境更加清洁，还防止了气候变化。这些都是因为一项有争议的钻孔技术——**压裂**（fracking）的出现。还有一些观察家认为这项技术会污染环境，加快气候变化，最终使我们变得更加贫穷，而不是更加富裕。我们来看看究竟是怎么一回事。

压　裂

压裂是一个非正式的名称，其原名为水力压裂法，是将水、沙子、少量化合物注射到地下深层将岩石崩裂。这种方法从 1947 年开始应用于石油和天然气的开采中，但在 1998 年之后才得到快速而广泛的使用。这是因为一位名叫乔治·P. 米歇尔（George P. Mitchell）的石油企业家找到了将压裂变成可行的商业手段的方法，该方法可用于从地下数千英尺的页岩中开采天然气。这一方法被广泛应用在科罗拉多州、北达科他州、宾夕法尼亚州和得克萨斯州，并正在传播到美国的其他各州和其他国家。

水力压裂法在美国和其他国家已经变成了一项重要的公共事务，因为它可能会带给我们全球范围的"好消息和坏消息"。压裂的好消息是它能够使我们获得大量廉价、相对清洁的能源。而坏消息则是有人认为这种方法本身会引发地震，污染地下水，而且压裂生产的天然气尽管和煤炭石油相比是清洁的，却不如其他能源清洁。因此，这似乎是一个经典的**权衡利弊**（trade-off）的例子。

首先，好消息

2005—2015 年，压裂产生的天然气产量平均每天增长 50%。同期，压裂产生的气体——通常被称作页岩气——在美国天然气总产量中的比例从 4% 增长到了 40%，使天然气相对于其他能源有了快速增长。毫不令人吃惊，供给的增加将天然气的价格快速大幅拉低。天然气的价格只为 2003—2008 年价格的一半。2008—2015 年，天然气的价格从每百万英制热单位（MMBtu）① 12 美元降到了不足 4 美元。这就使美国天然气的价格降到了欧洲价格水平的三分之一，亚洲市场价格的六分之一。这种巨大的价格差异得以存在是因为修建用来大量输送天然气的配套设施需要花费很长时间，尤其是油罐和输油管道。

正如需求定律预测的那样，天然气价格的暴跌使美国人的行为发生了改变。例如，天然气驱动的涡轮发电厂生产的廉价电能正在取代用煤发电的发电厂的电能，从而减少了取暖和冷却的成本，减少了生产中的能源成本，减少了空气污染和二氧化碳排放。天然气也是石油化工业的主要原料，所以天然气价格下跌导致美国将一些转移到海外的生产活动又转回本土。企业开始尝试将卡车和公交车燃料从柴油变为天然气。所有这些说明美国的财富在各方面都在增加，连环境也得到了改善。

接下来，坏消息

世上没有免费的午餐，压裂也不例外。对于这一方法的一个主要的担忧就是地下水可能会被污染。压裂井需要纵向开凿数千英尺，然后水平进入页岩中，将其压裂，获取天然气。尽管压裂本身距离任何水资源都非常遥远，但当天然气沿着纵向管道升上来时，有一些气体可能会从管道中泄漏。如果纵向矿井穿过周围的地下含水层，而人们又从这里获得水源，那么一旦发生泄漏，天然气就会污染水质。

---

① 英制热单位（Btu）是将一磅水的温度提高一华氏度所需的能量。因此每百万英制热单位（MMBtu）的能量就能够使每百万磅的水（约合 125 000 加仑）的温度提高一华氏度。

　　溢出的气体是无法被出售的，于是钻井公司向矿井注入水泥来防止泄漏。水泥能包住管道，封住气体，使其无法进入周围的含水层或其他地方。尽管还是会发生泄漏，但这里的问题不是压裂本身。任何天然气或油井都有可能发生天然气泄漏。阻止发生这类事件的关键是小心建造矿井。正如美国环保协会（Environmental Defense Fund）所言："地下水污染事件全部是由矿井修建不当造成的。"总体来说，专家们似乎一致认为只要遵循标准的钻井方法，地下水污染发生的概率就极小。[①]

　　很多研究表明压裂可能会导致地震。实际上，这是已知可以导致小型地震的众多人类活动中的一种。例如在 90 年以前，科学家意识到传统的石油和天然气生产能够导致小型地震。最近，人们意识到利用地热能源也会导致地震，甚至将大量的水资源贮在大坝里也会给地球带来很大压力，导致地震。但美国国家科学院（National Academy of Sciences）认为，压裂导致的地震达到会伤害居民和财产的强度的可能性可以忽略不计。

　　在水力压裂法的钻井阶段，人们用卡车来运输设备、沙子、化学制品，甚至水。卡车在矿井附近的路面上行驶给周围的居民带来了困扰。钻井地附近的土地所有者应当从钻井公司那里得到这项困扰的补偿金，但他们并没有拿到这笔钱。有些社区正在制定针对钻井地的特别卡车法规。例如，压裂用卡车通常被禁止在夜间和周末通行，有些地区甚至不允许卡车在校车经过时上路。

　　这些规定显然并不完善，但是它们似乎平息了多数人对卡车的反对，而且每个矿井的大部分卡车只工作几个星期。卡车也会加速当地道路的磨损，因为这些道路原本并不是为这种强度的使用而修建的。因此，当地政府经常会坚持（作为许可条件之一）钻井公司应支付受损最严重的路面维修改造费。

水

　　还有人担心压裂使用的水量太大，因为水是这一方法中最主要的原

---

　　① 有照片和视频显示有人点燃了混有甲烷的自来水。甲烷可能是从压裂矿井进入自来水的。在宾夕法尼亚州等建立在化石燃料层上的地区，地下水中含有的甲烷是自然形成的，很常见。实际上，把水点燃这个把戏早就出现在一些地区的亲朋聚会上了，因为这些地区水中含天然甲烷的浓度高到足以燃烧的程度。因此水能够燃烧可能是由于压裂矿井修建不当引起的，但目前看来可能性不大。

料。通常一口矿井需要 500 万加仑的水来压裂岩石才能使天然气流量达到能带来商业利润的水平，然后就不再用水了。其中大约 80% 的水被用掉了，即留在了地下。这引起了人们的担心，因为水是一种稀缺资源。一些基础的化学知识能够让我们换个角度来看待这些水资源的消耗问题。天然气的燃烧会产生二氧化碳和水——大量的水。实际上，在 6 个月的时间里，将一口矿井中的天然气燃烧获得的水就等于用于钻井使用的水量。当然，这种新产生的水是不一样的——但用来冲厕所是没问题的。总体来说，燃烧的化学知识告诉我们压裂会给水循环带来更多水源。

在钻井过程中和钻井结束后，回到地表的用于压裂的水必须净化之后才能安全用于农业和商业目的。有人担心压裂使用了化学制剂，但这些化学制剂许多人家里就有，它们存在于除臭剂、玻璃和其他物品的清洁剂中，甚至存在于口香糖和化妆品中。因此这部分回流的水在污水处理厂就可以得到净化。

然而，在许多地区，压裂还带来一个复杂的问题，那就是包括氯化物和溴化盐在内的各种污染物被回流水从地下带到地表。这些被污染的水大部分被重新注入环境保护局（EPA）规定的专门设置的地下深处封闭的水井中，但是越来越多的污染水正在被循环使用——采用特殊方法净化后在其他矿井压裂岩石。由于近年这种循环利用的成本大大下降，因此钻井公司有很大的动力采用这种方法处理废水。

关于环境的更多话题

甲烷被认为是一种高效的温室气体。它也是天然气的主要成分，所有天然气的生产都会导致一些甲烷被释放到大气中。石油生产也是这样，因为天然气能够提供压力，将石油压上地表。许多评论家认为压裂是产生甲烷的罪魁祸首，但压裂释放的甲烷并不比传统的天然气开采方法释放的甲烷更多。而且，伴随着甲烷释放还有一个情况，那就是压裂生产的天然气能源正在取代煤炭。和燃烧天然气相比，将煤炭作为能源进行燃烧，每生产一单位能量，就会释放出两倍多的二氧化碳。据环境保护局估计，用采用压裂或其他方法获得的天然气取代煤炭可能会减少温室气体排放。

还有一个关键的环境问题需要考虑：空气污染。以煤炭为燃料的发电厂是一氧化碳、一氧化氮、二氧化硫和颗粒污染物的主要来源。燃烧天然气产生的一氧化碳和一氧化氮只有燃烧煤炭的 20%，而且完全不会产生二氧化硫或颗粒污染物。水力压裂法开采天然气正在取代煤炭开采，因此会减少空气污染。

当然，有人会说，如果不是用煤炭来和天然气进行比较，而是用风能、太阳能、核能或水力发电进行比较呢？重要的是要记住，这四种"零排放"能源每一种都有其利弊。核能会留下用过的燃料废弃物，需要花高价处理以免伤害人类。水力发电会影响濒危鱼类的迁徙，虽然可以用来补助农业生产，但农业生产本身就是一项主要的水污染源，因为使用了化肥和杀虫剂。和天然气、煤炭、核能或水能相比，太阳能和风能的利用会耗费更多的资源，而且大部分是不可再生资源。因此，尽管压裂比煤炭具有更显著的环境优势，但当它和其他具有竞争力的能源相比时仍然需要仔细权衡利弊（参见第 21 章了解这一问题的更多内容）。

能源独立

压裂革命是近几十年美国能源产业大变革的一个部分。不仅可以从页岩中获取天然气，也可以从中获取石油——北达科他州、蒙大拿州、得克萨斯州正在大量从页岩中获取石油。把所有化石燃料——天然气、石油、煤炭算在一起，美国现在可开采的能源比世界上任何国家都多。俄罗斯紧随其后，位居第二。实际上，美国的化石燃料存储量现在已经超过了沙特阿拉伯（位居第三）、中国（位居第四）和加拿大（位居第六）。总体来说，美国生产的能源比世界上任何国家都多——部分要归功于压裂。

所有这些新能源使贸易模式产生了一些有趣的变化。大约 20 年前，美国开始建造专门设施，用来从中东和其他地区进口天然气。现在这些设施被改装成用来出口天然气的设施，而且还有更多的这种出口设施正在计划建造中。而且，不仅天然气是这样，在 2011 年，包括汽油、柴油、机油等燃料有记录以来第一次成为美国最大的出口商品。一些专家现在预测，美国的石油产量将会在 2020 年超过沙特阿拉伯。尽管美国仍然从中东进口石油，但美国对中东能源的依赖性正在显著减小。

与欧洲的对比

欧洲也位于页岩地层之上，页岩之中可能含有大量天然气，但是欧洲大部分国家的人们对此嗤之以鼻。法国人对压裂说："Non（不）!"在各种公民团体的压力下，许多其他欧盟国家的政府也对开采设置了大量障碍。欧洲人不愿意采用压裂技术，毫无疑问有多种原因，但是最简单的原因也许也是最重要的原因，就是产权。

在美国，地表以下矿产，如石油、天然气、金矿的所有权通常归属土地所有者。土地所有者可以将这些矿产的开采权出租或出售给石油公司、天然气公司或其他开采公司。对土地所有者来说，出租石油和天然气的开采权尤其有利可图。在欧洲和世界其他地方，矿产权不属于土地所有者，而属于中央政府。产权上的这一差异有许多实际的影响。在美国，别人在自己的土地上开采和生产带来不便，土地所有者会因此得到丰厚的补偿。在欧洲，如果在自家地产下发现石油或天然气，土地所有者不会得到任何补偿——而由此引起的困扰一点也不比美国的土地所有者少。所以就很容易理解为什么欧洲人更有可能采取"别建在我家后院"的态度。而且我们可以补充一点，这样做的结果是欧洲人得比美国人为天然气支付多得多的金钱。

底　线

天然气革命成了有争议的公共事务，因为它和人生中的大多数其他事物一样需要进行权衡。如果你家附近成了钻井地，重型卡车开来开去，或者你家的井水碰巧被不小心造成的天然气泄漏给污染了，这种权衡看起来就不太妙。但对绝大多数人来说，压裂似乎能提高他们的生活质量。能源成本降低了，空气污染减少了，美国的工业在世界市场上变得更具有竞争力了。因此，尽管许多人觉得情况"搞砸了"，但总体来说，这种天然气的创新生产方法似乎会让我们大部分人变得更加健康，更加富裕。

讨论题

1. 如果在地里长出的粮食的产权不属于土地所有者，而属于国家政府，人们是否会允许别人在自家的土地上耕种？

2. 到目前为止，和压裂相关的政府法规大多由美国州政府和地方政府制定执行，而不是美国联邦政府。与美国联邦政府法规相比，美国地方政府和州政府的法规有哪些优点和缺点？在什么情况下，问题的性质会影响你的分析结果？例如，比较一下当地卡车流量增加的问题和排放到大气中的甲烷增加的问题。

3. 采用水力压裂法生产出来的天然气是某些产品的**替代品**（substitute），也就是说，当天然气的价格下降时，对这些产品的需求会减少。但是，天然气也是一些产品的**互补品**（complement）——当天然气价格下降时，对这些产品的需求会增加。至少举出两个天然气替代品的例子和两个天然气互补品的例子。从生产者和消费者的角度分析，随着水力压裂法的普及，他们的境况是变好了还是变糟了。

4. 宾夕法尼亚州和纽约相邻，地下都有大量富含天然气的页岩。煤炭开采在宾夕法尼亚州存在已久，具有重要的历史地位，而纽约基本上从未有过煤炭开采。用经济学方法分析预测这两个州的人们，包括政治家，对采用水力压裂法开采天然气的行为会做出什么反应。住在纽约的富裕名流和住在纽约南部乡镇（纽约大部分适合压裂的页岩都位于这里）的失业卡车司机对压裂的态度会有什么不同？用你最喜欢的网络搜索引擎寻找证据来证实或推翻你的预测。

5. 如果其他国家的政府同意与钻井工地所在地的土地所有者分享水力压裂法带来的利润，这会如何改变土地所有者对这件事的态度？

6. 许多欧洲国家公民使用的天然气几乎全部由俄罗斯提供，天然气和其他化石燃料的销售占俄罗斯国民收入的整整 10%。假设技术革新显著降低了将天然气从美国运输到欧洲的成本，请分析这一技术革新会对俄罗斯和依赖俄罗斯天然气的国家产生什么经济影响？这一技术革新会使美国的天然气消费者变得更好还是更糟？

第 9 章　肾脏买卖

　　近年大约每年有超过 7 000 个美国人死于对器官移植的等待。他们并非死于医生没有器官移植的能力或医疗保险无力支付器官移植的费用。他们之所以会死去是因为自 1984 年以来，为人体器官付费是违反美国联邦法律的。① 我们为捐献精子的男人或捐献卵子的女人或捐献血液的人支付报酬是合法的，甚至捐献器官或接受器官捐献也是合法的。为实施器官移植手术的外科医生支付报酬当然是合法的，甚至医院因提供手术室从事器官移植而获得利润也是合法的。但是如果你要出售你的眼角膜、肾脏或一部分肝脏就是违法的了，甚至你挚爱的人在你死后获取你的器官并从中获益也是非法的。因此，每年大约有 7 000 人因徒劳地等待器官捐献无果而死去。

器官移植的总体情况

　　人体器官移植并非新鲜事物，1905 年，奥地利就成功地进行了第一例眼角膜移植。第一例成功的肾脏移植（在一对同卵双胞胎之间）是 1954 年在波士顿进行的。此后，胰腺、肝脏、肠、心脏、肺、手，甚至脸都可以成功地进行移植了。千真万确，目前已经有 37 种不同的人体器官和组织可以进行移植了，当然，这些移植无一不是价格不菲。在美国，移植一个肾脏的成本平均大约是 26 万美元，肝脏移植大约要 58 万美元，心脏移植的成本则平均高达 100 万美元。这些数字都不包括器官本身的价格，因为此类支付行为在美国和其他大部分国家都是非

---

　　① 这一法律最初由阿尔·戈尔（Al Gore）推出，他于 1993—2001 年间就任美国副总统。

法的。

天文数字般的费用显然超出了大部分人的承受能力。事实上，美国所完成的器官移植通常并不是由移植接受者直接支付费用。拥有医疗保险的 65 岁以下的患者是由私营保险公司支付移植费用，65 岁及 65 岁以上患者则是由美国联邦医疗保险系统支付移植费用。65 岁以下既没有私人医疗保险也没有足够财力自行支付费用的患者，其所需的移植费用则由美国联邦医疗救助系统承担，该医保系统的资金是由美国联邦政府和州政府联合筹措的。

有些中介服务可以安排在国外进行器官移植（例如在印度进行移植手术），费用大约只为美国相应费用的不到一半。进行这种移植手术的人通常被称作"移植游客"。无论是私营保险公司还是美国联邦医疗保险系统，或是美国联邦医疗救助系统，都不承担在国外进行器官移植的费用，因此通常只有相对富裕的患者才会选择在国外进行器官移植，因为他们不愿意等待或者说是等死。

肾脏移植的情况

现在，我们开始研究器官移植的经济学，先以肾脏移植为例。之所以选择肾脏移植作为研究的开端，是因为目前肾脏移植的技术已经相对成熟，而且我们每个人生来都拥有两只肾脏，但实际上只要有一只就能很好地发挥功能了。实际上，归功于透析技术，人类可以在没有正常功能的肾脏的情况下存活许多年。2015 年，美国大约有 100 000 人在等待肾脏移植。同年，约 11 000 个美国人接受了陌生亡故者的肾脏移植，还有大约 6 000 人接受了活体捐献的肾脏移植（别忘了我们每个人都有一个"多余的"肾脏），这些活体捐献的肾脏通常来自亲密的朋友或亲戚。令人悲哀的是，大约有超过 7 000 名患者在等待肾脏移植过程中死去或者从等待者的名单中被除去，因为在长久的等待中，很多患者的病情变得更加严重以致已经无法接受器官移植了。另外有 4 000 人在等待肝脏、心脏、肺或其他重要器官移植的过程中死去。

如果为肾脏付钱能像为从事肾脏移植手术的外科医生付钱那样成为合法的，这些人会获救吗？或者肾脏市场最终变成了黑市，市场中只能依靠那些出于逐利动机而非善心的不择手段的中介人，他们从那些并非情愿的受害者身上摘取"捐献"的器官，这样那些患者就会更好地获救吗？这正是我们争论是否应允许人们或者是刚刚去世的器官捐献者因捐献救命的器官而获得报酬的关键所在。

最重要的是，我们不能因为捐献肾脏或是一部分肝脏的行为对捐献者来说有很大的潜在危险就反对器官市场的存在。毕竟我们目前的体制是让这些人在没有金钱补偿的情况下完全承担这些风险。如果允许亲朋间不支付报酬而进行器官移植是足够安全的，为什么有人愿意放弃一只肾脏或一部分肝脏以换取一些钱财就是有很大风险的呢？

伊朗的器官移植市场

当然还有很多有争议的问题。我们先从研究为器官付费是合法的国家——伊朗开始。伊朗是世界上活体器官捐献比率最高的国家，每 100 万人中有 23 例器官捐献。伊朗自 1988 年起就通过了允许器官移植获得货币补偿的法律，在接下来的 10 年间，伊朗就全部解决了肾脏移植病人长期等待肾源的问题，这是任何其他国家都未曾取得的成绩。

在伊朗的医疗体系中，等待肾脏移植的患者必须首先在自己的家庭内部寻找适合的、自愿的捐献者。如果在家庭内部无法找到配对的肾源，患者则必须等待 6 个月以寻找合适的死亡捐献者。潜在的器官移植接受者可以向国家器官移植协会（National Transplant Association）申请寻找愿意接受报酬而捐献肾脏的捐献者。捐献者可以从政府获得 1 200 美元外加一年全额医疗保险，同时还可以从器官接受者那里收到 2 300 美元～4 500 美元的报酬。如果器官接受者无力支付，这笔报酬则会由慈善机构支付。器官捐献者和接受者还可以自由达成协议来支付额外的报酬补偿，尽管在大多数情况下，上述各项报酬总额已经足够完成全部移植工作。在伊朗仍然有纯粹利他的无私的捐献者及来自新近死亡的遗体的捐献者，但根本上还是允许为器官付费的制度保证了使每个寻求肾脏移植的患者都能得到肾源，而且这种制度成功地避免了暗地里进行的器官捐献，同时也避免了患者因器官本身成本极其高昂而无法承担移植费用的现象。这一制度成功地挽救了数千伊朗患者的生命。

非自愿捐献者的恐惧

许多人担心这种允许向人体器官移植付费的制度，因为它很有可能产生所谓的"非自愿"的捐献者。也就是说，如果存在器官市场，某些不择手段的中介就可能会受利润的驱使而袭击人们并摘取他们的器官以高价出售。然而，现在普遍公认的是，伊朗的这种制度已经成功地运行了 20 多年，没有一起类似事件发生。这也许并不令人惊奇，因为医疗技术已经发展到可以确保器官和受体之间的组织结构非常接近从而使移植成功。这类技术和其他 DNA 检测手段可以方便、快捷且准确地保证"器官 A"一定是来自最适合的自愿"捐献者 A"而不是来自非自愿的"捐献者 B"。

除了令人毛骨悚然的小说作品之外，那些关于人体器官买卖的恐怖故事其实都是来自因为缺乏器官买卖所导致的人们的非正常行为的故事。例如，在美国和英国，曾有一些高调宣传的"盗尸"——摘取新近死亡者的器官或部分身体的事件。一些事件涉及用于科研的器官，而其他的则可能旨在出售以牟利。这些事件的每一例中所摘取的器官都是在没有事先取得逝者同意或逝者家属事后追加同意的情况下进行的。这就相当于盗窃，是令人发指的恶行，但我们更应记住的是，这就是盗窃。看看另一种形式的盗窃：每年都会有许多老年人，一生辛劳所获得的退休金被不怀好意的人诈骗，这些人往往伪装成所谓"财务顾问"。我们是否应该把人们为投资咨询付费定位为非法？或者我们是否应该致力于起诉和监禁此类犯罪的罪犯？

巴基斯坦和菲律宾在不久前曾经有过小规模的器官移植市场，不过巴基斯坦目前是禁止人体器官交易的，在菲律宾如果给非菲律宾人进行器官移植也是非法的。在这两个国家，曾经有人以 2 000 美元～3 000 美元的价格出售肾脏，这个价格相当于当地人一年左右的人均收入，但他们后来又对这类交易表示后悔了，主要是因为对健康的长期负作用。这其实对那些不收费的捐献者而言也有潜在风险，在任何国家，比如美国，目前在市场上的器官捐献者都确定至少会获得与自愿捐献者相同的医疗护理和心理咨询治疗。在允许有偿捐献器官的伊朗，有报道指出，捐献者的长期健康状况至少和其他人一样。

器官移植市场化的成本

当前，如果允许向器官捐献者付费会带来的附加费用有哪些？这会不会使美国联邦医疗保险系统或美国联邦医疗救助系统的预算崩溃？或者这是否会掏空为大量器官移植付费的私营保险公司的钱袋子？仅就肾脏移植的情况来说，我们可以从许多地方的经验中获得足够的信息，得出很可能是否定的答案。在伊朗，人均年收入约为 12 000 美元，向器官捐献者支付的数额略低于这个数字，已经足够结清肾脏市场的价格了。在巴基斯坦和菲律宾，支付大约等于人均年收入的数额就已经足够满足大量"移植游客"的市场了。

美国的人均年收入水平约为 5 万美元，这显然要比以上国家中任何一个都高，这意味着要想吸引更多的器官捐献者则需要支付更高的费用。但是有专家估算，即使一个肾脏移植需要付费 10 万美元，私营的或公共的保险机构（正如上文所说，它们为全美国几乎所有器官移植支付费用）实际上也还是会在许多器官移植案例中省钱，因为年均 8 万美元的透析费用和其他与慢性肾病相关的治疗费用相当昂贵。

可以确定的是，允许为人体器官付费几乎可以保证增加每年的器官移植数量，这就是问题的要点。付费制度可以带来更多的器官，进而减少等待器官移植者的死亡人数。但是付费制度可能还要加上与之相关的其他费用：这一制度下会有更多的移植手术。比方说每例肾脏移植手术的手术费用是 26 万美元，再加上 10 万美元左右的器官本身的费用。假定这一付费制度可以使每年增加 5 000 例器官移植，前提是假定这一制度在美国会像在伊朗一样成功消除对肾脏的过度需求，这将会在全国范围内产生大约 18 亿美元的附加成本。即 5 000 例移植案例，每例费用大约 36 万美元。

其实还有第二种成本，向器官捐献者付费还会减少利他主义者的器官捐献数量。我们目前还无法确知将会减少的具体数量，但我们可以做两项保守的假设。第一，我们假定在付费制度下，不再有无私利他的活体器官捐献者；第二，我们假定所有逝者的家属都会坚持要求为捐献器官而收费。这两项假设意味着，在现有非付费制度下的 16 000 例肾脏移植手术的每一例都会额外增加 10 万美元的费用，这项额外费用的总和将会是每年 16 亿美元，加上前述可能新增的移植所需的 18 亿美元，器官移植市场化的附加成本合计为每年 34 亿美元。

器官移植市场化的收益

付出如此数量的成本，我们当然会有所补偿，每年至少有新增加的

5 000 人因为得到肾脏移植而不再需要透析治疗，每人可以省下 8 万美元透析费用。此外，目前这种需要 4.5 年才可能进行的肾脏移植的排队等待也大幅减少，从而大大节约了费用。更重要的是，每年可以因此而拯救 5 000 人的性命，拯救每条生命的成本只要不足 70 万美元，而且这一数字还不算因减少透析治疗而省的费用。

以上所有这些计算似乎对人的生命进行了冷酷无情的估价。但是从目前医疗标准的角度来看，允许对人体器官付费几乎可以确定是一个安全且相当便宜的方案，不仅可以消除患者不必要的痛苦，而且可以每年拯救数千人的生命。只要这一点搞清楚了，那些剥夺人类如此机会的人是不是才真正是冷酷无情的人呢？

讨论题

1. 假定允许为捐献肾脏付费的做法将使我们在肾脏移植上额外花费 35 亿美元，再假定这一制度可以拯救 5 000 名患者的生命，否则这 5 000 人会因无休止地等待肾脏移植而死去。我们如何给一条生命定价才能使得这种器官买卖的制度在经济上是可行的？如果这 5 000 人中每人最终都可以少进行 36 个月的透析治疗，那么前述价格能降低多少？列出所有计算过程。

2. 各国间人均收入的差异巨大。如果在美国国内存在自由的器官交易市场，允许为肾脏付费，那么在美国国内不同地区的肾脏价格会有不同吗？哪个地区将会有最多的器官捐献者？考虑到是由保险公司为器官移植支付最主要的费用，那么这些地区会不会同时成为最主要的器官"输出"地区？解释你的答案。

3. 为什么为大部分器官移植付费的私营保险公司可能会更喜欢禁止为器官捐献付费的制度？美国的纳税人才是最终为美国联邦医疗保险系统和美国联邦医疗救助系统付费的人，他们会像私营保险公司那样也反对为捐献器官付费吗？

4. 如果允许为器官付费的制度大幅提高了器官移植的成本，那么私营保险公司，甚至包括美国联邦医疗保险系统和美国联邦医疗救助系统，是否有可能提高器官移植标准以减少每年器官移植的数量？如果它们这样做，和现有制度相比，谁将会因此受益，谁又会因此而受损？

5. 肾脏移植的排队等待时间平均是 4.5 年。这一时间还会大幅加长，因为近年来糖尿病的发生率大幅上升，而糖尿病是导致肾脏损害的最主要原因。这些等待器官移植的患者必须进行透析治疗，每年的成本是 8 万美元，主要由私营保险公司或美国联邦医疗保险系统及美国联邦医疗救助系统来支付。假定现在允许对器官捐献付费，移植的等待时间会缩短 4 年，平均来说对于普通患者可以减少 36 个月的透析治疗时间。市场化付费制度下肾脏的价格是多少时可以使保险业者达到收支平衡点？列出你的计算过程，并解释你的理由。

6. 目前美国对死后遗体器官捐献的制度是"选择确认加入"（opt-in），即必须由人们在领取驾照时事先明确表示死后遗体捐献器官。其他许多国家采取的是"选择确认退出"（opt-out）制度，该制度默认人们有死后遗体捐献器官的意愿，除非他们事前明确选择不捐献器官。如果有可能，我们也改变现有做法而采取"选择确认退出"制度，这将会对遗体捐献器官的供给有什么影响？

第 *10* 章　水资源濒临枯竭了吗？

如果你相信新闻宣传的标题，人类就将会因干渴而灭亡了。看看如下几例标题，你就会相信这并非危言耸听：

世界渴了
　　——《美国新闻与世界报道》(*U. S. News & World Report*)
水资源短缺可能导致战争
　　　　　　　　　——《金融时报》(*Financial Times*)
干涸
　　　　　　　　　——《经济学人》(*The Economist*)
水资源短缺会使世界陷入可怕的困境
　　　　　　　　　——《今日美国》(*USA Today*)

看起来世界的资源似乎真的是濒临枯竭了。

但是这怎么可能是真的呢？毕竟地球表面的 71% 是由水覆盖的。仅仅一个密歇根湖的湖水就足够全世界人口两年使用。更重要的一点是，地球本身是一个封闭系统，使用水并不意味着毁灭水。不论是用于饮用、冲洗还是用于灌溉，甚至是蒸发了，这些水最终还是会像阵阵春雨中的雨滴一样纯净地回到这个系统中。事实上，每 3 个星期就会落下可以满足全世界人口一年用水需求的雨水了。所以，确切地说，究竟问题的要害在哪里？

根本上可再生的资源

水在根本上是可以再生的资源：对水的利用开启了水循环回转的过

程。但是，水资源还是稀缺的，这是问题的关键。也就是说，要在某一地点、某一时间拥有一定数量的清洁水源不是没有代价的，我们必须牺牲其他一些资源才能达成此目标。随着经济活动水平的增长，对水的需求也进一步增长，因此消费水资源的成本也在不断增加。

从这个意义上说，水资源与其他任何稀缺商品没有什么不同。如果我们想要更多的水，我们就需要放弃更多的其他资源来获取。但是和其他**稀缺商品**（scarce good）比方说西兰花不同的是，如果我们完全没有了水，人类世界在很短的时间内就会爆发巨大的灾难。如果水资源稀缺到一定的严重程度，人们可能就会采取各种不择手段的措施以保证自己能在与邻居或敌人争夺最后的水源时占上风。但是在我们考虑这是否会成为一个值得我们担忧的问题之前，我们最好先多了解水资源的相关特征。

水，水，到处是水

地球表面巨大的水储量中，大约 97.2% 是海水，在正常情况下，这些海水因含盐量太高而无法饮用或用于灌溉。其他大约 2.15% 是极地冰层，这显然也是极不方便使用的资源。在剩余的 0.65% 中，约有 0.62% 是位于地下蓄水层及类似地质构造中的地下水。这些地下水经历了数百年的过滤沉积才得以形成，所以在一个相对的时间周期内，这确实不是一种可以持续使用的淡水资源。这样，我们就只剩下雨水可以利用了。

幸运的是，降雨带来的水量还是很大的。尽管新闻媒体总是大声疾呼水源逐渐不足，其实从世界范围来看，每年降水量的差别并不大。大约 2/3 的降水落在了几乎无人居住的海洋中。即便如此，甚至在考虑到其实落在陆地上的雨水有很多很快蒸发掉，以及大部分雨水迅速地由地表径流流入海中等因素后，每年仍然会有大量可以使用的降雨。事实上，大自然每天大约可以产生人均 5 700 升可用水，大约是普通人一天各种用水消耗量的 6 倍之多。

当然，大自然母亲在分配这些可用的降水量时可能并不是特别公平。例如，中国拥有世界上 20% 的人口，却只得到了全部降水量的 5%。巴西、加拿大和俄罗斯总共只拥有全世界人口的 6%，却得到了全世界可用降水量的 29%。美国尽管在总体上的处境还不错，占全世界大约 5% 的人口拥有 5% 的降水量，但是在全国范围内水资源的分布有相当大的差异。在东南阿拉斯加和夏威夷的山地有大量降水，而在南加利福尼亚则很少有降水。但是，人们往往习惯性地选择定居在雨水资源较为匮乏的地区。这也说明了本章的一个重要问题，水资源是**经济物品**（economic good），水的分配与消费从根本上说是一个重要的经济问题，是可以通过市场机制解决的问题，这就像吃、穿、住、行等其他经济问题一样，是在市场上解决的。为了澄清这一点，我们先来仔细审视一下近年来有关水资源问题的几个误区。

误区 1：地球正在干涸。正如我们此前所述，这种担心其实是没有必要的。最便宜而且完全可持续的清洁淡水来源是降雨，世界范围内每年的陆地降水大约为 113 000 立方千米（约 3 000 万亿加仑），年复一年，永不停歇。尽管这些降水中的一小部分暂时储存在生长中的植物和动物体内，但最终这 113 000 立方千米的水都会年复一年地重新沉淀并注入地下水系统或蒸发形成雨云。虽然有时巴西降水量多一些，苏丹少一些，有时有些水又会形成洪水而无奈地流失，但由于地球是一个封闭系统，因此这些水都没有弃我们而去。

误区 2：通过日用节水设施或减少农业灌溉用水可以节约水资源。还记得地球是个封闭系统吗？这对冲水马桶和苜蓿花草是同样适用的。马桶中冲掉的水并没有被冲到月球上去，它们只是通过排水系统被排放到了污水处理场并最终注入地下的蓄水层，或蒸发后形成我们头上的降雨最终回到我们的系统中。所谓的节水马桶或节水花洒对现有水量的多少是没有影响的。这些设施可能会稍稍减少通过用水和排水系统使用的水量，可以多保存一点这一系统中的资源，但这是有代价的。这类设施在生产中通常会比生产普通马桶和花洒多消耗资源，而且它们浪费了人们的时间，因为人们通常可能需要重复冲水或延长沐浴时间。从平衡的意义上讲，除了并不一定“节约”水以外，同样也没有证据表明此类设施真的能保护资源。

即使是在全世界范围内以耗费大量水资源并通常需要政府补贴著称的农业，也并未给水资源带来毁灭性的损耗。农业灌溉用水大部分都蒸发或流入江河或过滤沉淀回到地下蓄水层了，一小部分水暂时性地保存在庄稼中了，但是很快这些粮食中的水分就会被动物或人类消费掉，并轻易回到那个每年有 113 000 立方千米降水的系统中来。毋庸置疑，农业中所消耗的水的代价是高昂的，因为它可以用在其他地方。而且，农业用水通常都是由纳税人给予补贴的。让农民支付用水的全部市场价值将会减少农业用水，而且将会通过促进资源配置来增加社会的集体财富，但这并不会改变可用水资源的数量。

说到这一点，农业灌溉用水的确向我们提出了两个经济问题。第一，正如我们已经提过的，世界范围内的各国政府政策都毫无例外地对农业用水给予大力补贴，农民常常只需为每英亩-英尺约合 325 000 加仑的用水支付低至 10 美元～20 美元的费用即可，而这些水量的成本为500 美元～1 000 美元。正是因为有如此巨额的补贴，农民无疑是得到实惠了，但整个社会因此而造成的损失是巨大的，即整体社会财富会因此而下降。本书第 23 章和第 27 章解释了为什么在有如此损失的情况下，各国仍然大行补贴之道。

第二，我们不仅补贴农业用水，而且禁止农民向其他用户尤其是非农业用户出售或出租其水资源。这在相对干旱的美国西部地区是个挺特殊的问题。在这些地区，农民实际上拥有大量的地表水和地下水的使用权，但只能要么使用，要么任其流失。即如果他们不把这些水用于灌溉增加庄稼的收成，就会失去对这些水的使用支配权。但是如果任由这些水在河流中流逝，对下游鱼类如鳟鱼和鲑鱼等物种的产卵和繁育等行为则会有重大帮助，将这些水用于此种用途就会更有效率。法律也在逐渐改变，逐渐认识到将资源用于环境才是真正"有益"的用途，但目前对水资源利用的限制依然减少了我们社会的总体财富。

误区 3：水与其他商品是不同的。许多人似乎认为因为水对于生命是最重要的，所以它与其他商品是不同的，至少是在处理水资源的相关问题时应该在某些方面不同于其他商品。其实我们要破除水资源不遵循供求定律这一观念。事实上，尽管水在某些用途上相对缺乏弹性，但总体来说，水的全部用量与供求定律所描述的结果是一致的，对价格会做出反应——当水的价格上升时，人们就会减少用量。实际上，对水源的需求与对汽油的需求很相似。两种商品价格提高 10% 都会使消费者减少 3%～6% 的使用量。因此，尽管对水或汽油的需求相对弹性较低，但毫无疑问，人们会在价格变化时改变消费模式。

与此相似，尽管把水由其本来所在地点运送到人们所希望的目的地很可能代价不菲，供求定律也仍然适用于此——当水的价格上升时，水的供给者会提供更多的数量供人们使用。有时这个过程简单到只需筑渠引水或收集雨水，有时又复杂到运用反向渗透技术将海水净化。但即使生产技术神奇到需要将尿液循环转化成清洁的可饮用水，像在国际空间站那样将水变得更加珍贵时，人们也会发挥出不可思议的聪明才智去开发水源以确保有足够的水可用。这个事实是不能改变的。

误区 4：对水资源实行价格控制可以保护低收入消费者。有些人宣称，不应该像对待其他商品一样来处理水的问题，他们特别强调水的供给者所收到的价格和消费者支付的价格都应该通过政府的法令使其保持在较低水平。据说这样会保护人们尤其是贫困的人们，使其不受高水价的困扰，同时也阻止水的供应商获得"超额"利润。毕竟，目前全世界还有大约 11 亿人口不能随时获得清洁的水，这对于任何想要垄断数量巨大的供水市场的人来说都是极为诱人的目标。

政府的确可以通过限制价格来减少水资源或任何其他商品供应商的利润，但在现实世界中，这样做并不能保护消费者，尤其是未能保护那些最贫困的消费者。对水的价格控制减少了水的供给量，总体上使消费者，尤其是贫困消费者的福利受损，人们无法得到原本在均衡价格下可以得到的可用水量。而且消费者不得不在一个非价格体系的配给机制下取得可用水，在这一机制下，要么限制用水时间，要么干脆无清洁水源可用。实际上，如果仔细研究世界上穷困人口无法获得足够清洁水源的地区，我们可以发现，其实恰恰是因为这些地区的政府的努力"保护"才使得潜在的水资源供给不足，这才是使人们无法获得足够清洁水源的主要根源。

例如，在巴西，政府制定的过低的私营水价上限导致大型国际供水工程公司停止了在巴西的运营，从而减少了清洁水源的供应。在印度，很多地方政府坚决主张免费供应清洁水源的政策，这"有效"地阻止了全国范围内改进水资源供给的努力。在第 11 章我们会详细说明，政府对价格的管制将会使商品更加稀缺而不是减少，而且通常是社会中的弱势群体会成为最大的利益受损者。

误区 5：海水因含盐太高而无法饮用。从实际情况出发，对于非海洋生物来说，持续使用含盐的水是高度危险的。但是海水淡化技术正在迅猛发展，海水淡化成本也在日益下降——过去的 20 年间下降了 95％。在地球上相对干旱的地区，包括南加利福尼亚，海水淡化已经能与其他资源供给一起进行价格竞争了，世界范围内已经建立了很多大规模的海水淡化工厂。

海水淡化过程的副产品是产生了高浓度的盐水，为了避免给那些对盐分变化极为敏感的海洋生物造成伤害，必须在其流回大海前非常小心地广泛分散这些盐水。然而，这只是常规做法。而且，如果当地的条件使得这种广泛分散不太可行或代价高昂，那么这些盐水可以直接进行蒸发，蒸发后所余固态物质可以再加以利用或者进行废渣填埋。随着海水淡化技术的持续进步，对世界上大部分地区来说，从海洋中取水将很可能变得比收集利用雨水要便宜。所谓水资源枯竭还远未到来，世界各地的人们将会发现，我们会很轻易地保证水流的源源不断，只要打开水龙头即可。

讨论题

1. 人们"需要"多少水？如果是你为他们的水费买单，你的答案还会是一样的吗？

2. 请评价如下说法："联邦政府以补贴价格向农民收取水费，尽管纳税人负担了这部分费用，但是他们也消费这些补贴水所灌溉生产的农产品。因为补贴水使得这些农产品价格便宜，纳税人又将他们支付的补贴赚回来了，因此给农民输送补贴水并不会造成浪费。"在经济学考试中，你会给这个作者的成绩打 A 还是 F？

3. 20 世纪 80 年代后期，在饱受干旱困扰的加利福尼亚州，农民可以以补贴价格得到灌溉用水去浇灌农田，即使许多家庭如果用水浇灌草坪将要付出高额罚款。你能否提出一个合理的解释来说明为什么同样是加州公民，这两个不同的群体却受到如此不同的对待呢？

4. 如果通过非价格体系分配水资源总体上对社会是有害的，你能解释政府经常这样做的原因吗？

5. 假设有两个除以下一点外完全一样的社区 P 和 N：假定在 P 社区，所有家庭、公寓和企业都安置了计量用水量的水表。当用户使用更多的水时，他们就需要支付更多的水费。这样，在这个社区，水就像其他商品一样被定价。在 N 社区，没有安置计量用水量的水表，当地水供应商会对社区的用户每人每月征收一个固定数量的水费。因此，对于用户来说，多使用一加仑的水不会增加额外成本。哪个社区的人均用水量会更多？请用经济学的相关原理解释。

6. 再回到问题 5 的场景中来，假定你知道在一个社区中水是由私营供应商提供的，而另一个社区的水则是由地方政府提供的。不妨猜测一下，哪个社区会是由私营供应商供水的？请解释理由。

第 11 章　房租管制之殇

当你到洛杉矶的美丽海滨圣莫尼卡旅行时，你会发现一个到处充满了强烈对比的城市。随机地走到一条街上，你可能会发现一些年久失修的破败的出租屋就坐落在价值 100 万美元的豪宅附近。再换一条街，你还会发现废弃的公寓式建筑却紧邻着出售豪华汽车的店铺或是专门向好莱坞明星们出售高级时髦服装的时尚精品店。听起来很奇怪吗？这在圣莫尼卡这个被当地人称作"圣莫尼卡人民共和国"的地方没什么好奇怪的，严格的房租管制一度迫使不动产所有人任由他们的房屋闲置并破败下去，甚至都没有心情去卖掉它们。

在圣莫尼卡以东 3 000 英里处，纽约这个被当地人称作"大苹果"的城市，房租管制也迫使房东们不得不弃置他们的房子，因为他们无力承担房租管制引起的财务损失。主要是因为这种弃置行为，纽约市政府拥有了数千套闲置的住房单元——空空如也，只有偶尔穿梭的老鼠和一些偷偷摸摸的小毒品贩子出没。与此同时，由于房租管制法使人们没有兴趣去建造新房，未受管制的公寓平均租金现已超过每月 3 000 美元。

从西海岸到东海岸，美国各地约 200 座城市或城镇都实行了某种形式的**房租管制**（rent control），即当地政府规定房主可以收取多少房租。故事总是一次又一次地重复，结果总是一样的：疏于维护的出租单元、弃置不用的公寓、房客们被栅栏挡在门外租不到适合的房子、官僚们把房租管制说得天花乱坠，无家可归的家庭却找不到愿意出租房子给他们的人。故事总是一次又一次地重复，原因也总是一样的：对人们为了获得安身之地所付出的房租实行法律限制。

房租管制简史

我们的故事开始于 1943 年，当时美国联邦政府施行房租管制只是

69

作为战争时期的一个临时措施。尽管第二次世界大战之后这项联邦计划终止了，但是纽约市独自继续施行了这项管制措施，在纽约的房租管制下只要现有房屋承租人继续租住下去，房东就不得提高租金。圣莫尼卡的房租管制只是最近才开始施行的。这是因为受到 20 世纪 70 年代通货膨胀的刺激，加上当时加利福尼亚州人口的快速增长，房价和租金被推高到了一个创纪录的水平。1979 年，圣莫尼卡（其中约有 80％的人是租房居住的）发布命令，要求使房屋租金恢复到前一年的水平，而且规定未来的房租只能以相当于总物价水平上涨幅度 2/3 的幅度增加。无论是在纽约还是在圣莫尼卡，房租管制的目标都是要使房租低于自由竞争市场下的价格水平。要想达成这个目标，就需要这些城市进行广泛的管制以防止房东和承租人逃避这种管制——因此这种管制的执行成本代价不菲，而且扭曲了市场的正常运行。

值得注意的是，纽约和圣莫尼卡的房租管制体制正在慢慢地被解除。很多年以来，纽约的一些公寓只是执行"稳定房租"的管制，这在某种程度上要比绝对的房租管制的严格程度低一些。此外，纽约的公寓出租价格如果超过每月 2 000 美元，那么在租约到期时的管制就会解除。在圣莫尼卡，加利福尼亚州宣布，截至 1999 年，政府允许提高新空置下来的公寓的房租。即便如此，这些城市房屋租赁市场的大部分还是由房租管制主导着。本章将重点关注这些管制措施的后果。

房租管制的负面效应

一般来说，在自由竞争的住房市场上，房租价格的自由浮动会起到三个重要的作用：（1）将现有的稀缺住房资源在竞争性的客户间有效配置；（2）促进对现有房屋的有效维护和修缮，同时激励在适当的地方建造新的住房；（3）合理分配需求者对住房的使用，因此避免了对稀缺住房资源的浪费。但房租管制阻止了房租价格有效发挥这些作用，我们来看一下这个过程。

房租管制抑制了人们建造新出租公寓的积极性。因为管制措施人为地压低了租金，而租金是长期盈利能力的最重要的决定因素，所以开发商和抵押贷款机构不愿意出资建造新的用于出租的房屋。达拉斯一年新建 1.1 万套住房单元，该市的出租房空置率达 16％，却没有房租管制。同一期间，旧金山只新建了 2 000 套住房单元，该市的出租房空置率只有 1.6%，却有着严格的房租管制。在纽约，有限的新增出租单元，要么免除了管制，要么得到了政府的巨额补贴。在圣莫尼卡，即使同期写字楼和商业地产（都是免受房租管制的）在以飞快的速度发展，但在房租管制下，私人建造新公寓的情况极为少见。

房租管制还会使现有住房供给进一步恶化。当房租价格被控制在自由市场均衡价格以下时，房产所有者无法以合适的租金弥补其对房屋维护、修缮及改进设施等的成本，因此这类活动就大大减少。最终，由于税收、公用事业费及最基本的维修费用（如更换破损的窗户）等超过了被压低了的房租收入，结果就是这些房子被弃置不用。在纽约，有些房子的主人甚至寻求通过纵火焚毁自己的房子，以期通过保险收回因房租管制而造成房屋空置的损失，以免市政当局还会要求他们缴纳房屋的财产税。在实行房租管制下的圣莫尼卡，市政府坚持要求房主如果改变空置出租房的用途，就必须再新建出租单元以代替他们不想再用于出租的房屋。在每套公寓成本高达 5 万美元的情况下，就不难理解为什么几乎没有房主愿意负担这项成本，而是选择任其房屋闲置并破败下去。

房租管制还阻碍了稀缺住房资源的分配过程。不难理解，租客不愿放弃已租用的公寓，因此房租管制的后果之一就是房屋租赁户的流动性受到严格的限制。即使当一个家庭需要改变其生活空间——比方说由于增加了一个孩子或是大一些的孩子离家去上大学——要放弃房租受到管制的住房，也是成本巨大的。在纽约，房东通常会收取一大笔"钥匙押金"（一大笔预付现金）才允许新的房客搬进来。搬家的高额成本意味着常常有一大家子挤在狭窄的单元里，而有些小家庭甚至单身人士住在很大的单元中。在纽约，这种人们无法迁移的现象被称为"住房围城"。在圣莫尼卡，很多房屋所有者为了应对 20 世纪 70 年代的物价飞涨，把住房的一部分用于出租，却发现自己被房客们限制了，他们不能赶走房客收回房子，即使他们想要出售房子从而搬到其他地区去。

规避房租管制的努力

不出所料，房租管制所造成的市场扭曲会导致房东和房客共同努力去逃避这些规则。这又使得那些执行这项管制的政府官僚机构的麻烦和费用大大增加。纽约市政府规定，当租约期满要转手时可以提高房租，这样房东就有激励让房客整天不得安宁或者用一些微不足道的借口赶走房客。市政当局就采取措施使这种驱逐行为变得成本高昂。房客即使明目张胆地屡次违反合约条款，但只要他们在一个"合理"的时间段内整改了他们的违约行为，房东就不能赶走他们。房客即使反复被房东告上法庭或通过律师商谈也不收敛其行为，要想赶走这样的房客，房东将陷入枯燥烦琐且费用高昂的诉讼程序。为了自己的利益，有些房客常常会把他们以管制价格租到的房子全部或一部分转租出去，收取的价格远远高于他们付给房东的价格。由于市政府和房东都会努力制止这种转租行为，因此各方常常会为此闹到法庭，有一整套的司法程序主要是为解决此类房租管制下的住房纠纷而设立的。

严格的房租管制迫使房东用其他办法对预期的房客加以区别对待。比方说，为了确保房租支票每月能够安全到账，许多房东只对那些富有的白领人士出租。正像有一位评论家所说的，"可以肯定的是，在房租管制的体制下，圣莫尼卡的居民变得更年轻了，更富有了。"在实行房租管制的加利福尼亚州伯克利市和马萨诸塞州剑桥市，情况与此大同小异。

官僚主义盛行

毫无疑问，为了施行房租管制而设立的行政官僚机构一定是极为复杂且耗费巨大的。1988—1993 年，纽约花费了大约 51 亿美元来修缮并恢复那些从私人房主那里没收来的房子。即便如此，被废弃的房子还是以创纪录的速度不断累积。大量房产诉讼严重阻碍了纽约的其他司法体系，甚至妨碍了对暴力犯罪和贩毒案等的诉讼。在圣莫尼卡，房租管制委员会（Rent Control Board）成立之初的年预算经费是 74.5 万美元，有 20 名工作人员。到 20 世纪 90 年代初，该委员会的工作人员增加到 3 倍，年预算达到了 500 万美元。谁来为此买单？当然是那些房主们了，他们的每套单元房每年大约要被征收 200 美元的特别捐税。即使圣莫尼卡于 1999 年修订了其管制法令，允许在新房客入住时提高租金，但租住期间的新房租仍然受到市政府的管制。事实上，房租管制委员会有一个方便的网站，人们可以在其网站上查询圣莫尼卡数万套房租受到管制的住房中任意一套的最高限价。

房租管制的真正受害者

具有讽刺意味的是，除了房屋主人外，房租管制的最大受害者常常是低收入的个人，尤其是单亲妈妈。还有许多观察家认为，像纽约和洛杉矶这样的城市中的无家可归问题的一个重要原因是房租管制。贫穷的人通常无法保证每月按时支付房租给那些看人下菜碟的房东，甚至根本付不起房租。因为管制的房租价格远远低于自由市场的均衡价格水平，所以房东根本没有激励把房子租给低收入人群，尤其是当预期的房客的主要收入来源是福利救济金时，更是如此。的确，纽约涉及住房纠纷诉讼中的大部分房客都是低收入的母亲们，她们往往由于某些紧急的意外支出或是由于救济金的发放不及时等而无法按时支付房租。诉讼的结局通常是她们被赶出原来租住的房子，到公共的临时避难所安家，或者干脆露宿街头。圣莫尼卡的房主们有些原本会把住房中的一个或两个单元租给领取救济金的穷人或低收入人群，在实行了严格的房租管制之后（在这种管制有所松动之前），他们干脆让这些房子闲置起来，宁愿不收那点被人为压低的房租，因为微薄的房租收入根本无法弥补房子的经营成本。有一位拥有 18 个单元出租房的房主，任由房子一直空置并破败下去。他请朋友在墙上喷涂了这样的标语以表达自己的郁闷心情："我想清理这混乱情况，无奈大老板们不让。"

世界性的房租管制之害

值得注意的是，房租管制给社会造成的混乱并不仅限于美国。在印度的孟买，房租仍然被设定在 1940 年时的价格水平。孟买市中心附近的二居室公寓在房租管制下的租金只有区区的每月 8.5 美元，而附近同样大小的公寓的自由市场租金可能会高达每月 3 000 美元。因此毫不奇怪，在这个有 1 800 万人口的城市中，房子的主人会任由受到房租管制的房子破败下去，城中到处都是危险破旧的公寓，这已经是这个城市司空见惯的景象了。在过去的 10 年间，已经有近 100 人在受到房租管制的房屋倒塌事件中丧生。据孟买市政府估计，大约有 100 多座公寓已经处于濒临倒塌的边缘。

此外，在几年前的一次受到极大关注的新闻发布会上，越南外交部长阮基石宣布，在越南战争之后，这个国家的经济被彻底摧毁了。阮基石说道，房租管制极大地刺激了住房的需求，却严重地抑制了住房供给，结果使河内的几乎所有住宅都陷入年久失修的境地。阮基石最终评论道："美国人没能打垮河内，但是我们的城市被极低的房租摧毁了！我们觉得这太荒谬了，我们必须改变我们的政策。"

很显然，加利福尼亚州政府也接受了同样的想法，开始敦促圣莫尼卡改变其房租管制的法规。政策转变的后果是立竿见影的，可供出租的公寓租金迅速攀升，可供出租的房屋比率也显著增加，这正是我们所期待的结果。然而，非常有意思的是，准房客们对高房租的热情比许多房主们想象的要低一些。原因是什么呢？20多年的房租管制政策使房屋年久失修，出租公寓的条件已经差到远非"简陋"二字所能描述。有位租房人说道："麻烦的是，这一地区的大部分房子基本上都七零八落了。"另一位租房人则抱怨道："我可不想搬到那种屋子里的地毯都破旧得看不出颜色并且散发着霉味的房子中，太令人沮丧了。"提高了的房租正在逐渐改变着圣莫尼卡出租公寓的周边环境和房内的气味，不过，改变的步伐要视政府会在多大程度上允许自由市场发挥作用。

讨论题

1. 你认为政府为什么不断地努力管制出租公寓的房租，而不去管制房价？

2. 为了租到房租管制下的公寓，房东会要求房客提供押金。押金的金额是由什么决定的？

3. 除了出租房子的房东外，谁还会是房租管制中的利益受损者？谁又会从房租管制中获益？强制实行的房租管制对现有单亲家庭住房的市场价格会有什么影响？房租管制对闲置土地的价值会有什么影响？

4. 当实行房租管制时，为什么出租房子的房主会减少房屋维护支出？他们如此决策与他们能否负担得起维护支出有关吗？

5. 由于房租管制政策使租金价格降至市场出清价格以下，市场上可供出租的公寓单元数量必然下降。这意味着租住公寓的全部成本必然会发生什么样的变化？成本中包括"钥匙押金"、被房东搅扰等。请解释理由。

6. 选民中房客（与之相对的是拥有住房的人）的比例高低是如何影响政客们对房租管制提案的热情的？政客们的热情是否与房客不大可能参与地区性选举投票有关？为什么可以假定房客不大可能参与地方选举呢？请解释理由。

第三篇

劳动力市场

第 *12* 章 《21 世纪资本论》

1867 年，德国智者卡尔·马克思（Karl Marx）写下了《资本论》（*Das Kapital*），其全称为《资本论：政治经济学批判》（*Capital：Critique of Political Economy*）。这一著作的主题为：**资本主义体制**（capitalist system）的动力来自对劳动力的剥削。在他看来，工人们并未获得其创造的全部价值的回报，其中一部分被雇主获得，从中获取利润。这部分价值被他称作剩余价值。马克思预言，工人创造的财富越多，他就会变得越贫穷。

这听起来很残酷，是吧？那么马克思做出这一预言之后发生了什么呢？自 1867 年以后，平均生活水平增长最快的国家——你大概已经猜到了——是资本主义经济体。但是，平均数也许蒙蔽了我们。至少，一些反对资本主义的人士是这么认为的。

富者更富，贫者更贫？

近年来，人们对**收入不均**（income inequality）这一话题越来越感兴趣。卡尔·马克思的预言终于实现了吗？美国的一些政治家、欧洲的许多政治家，还有至少一位法国的经济学家（某畅销书作者）是这样认为的。在我们研究美国贫富不均的实际数据之前，先来看看有关资本论述的最新版本吧。

法国经济学家托马斯·皮凯蒂（Thomas Piketty）在其著作《21 世纪资本论》（*Capital in the Twenty-First Century*）中，分析了 21 世纪的收入不均现象。他认为进行厂房、设备、研发等**资本**（capital）投资的人获得的收益要高于经济增长率。皮凯蒂认为这造成了**财富**

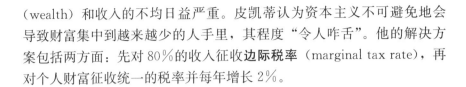

（wealth）和收入的不均日益严重。皮凯蒂认为资本主义不可避免地会导致财富集中到越来越少的人手里，其程度"令人咋舌"。他的解决方案包括两方面：先对 80% 的收入征收**边际税率**（marginal tax rate），再对个人财富征收统一的税率并每年增长 2%。

经济学与现实

皮凯蒂对财富积累未来趋势的看法是基于个人资本的回报率高于经济的总体增长率这一广为人知的现象。但是他过早地得出结论，认为除非资本的增长被战争、萧条或他所倡导的税制打断，否则这一差异必将导致经济不平等的加剧。

皮凯蒂的推理是可以得出正确预测的——如果真实世界的人们像皮凯蒂采用的经济模型中假设的那样能够永远活下去。但一个现实问题是，生命有限的人们在有生之年会进行储蓄，将积累的财富用于退休后使用或留给子孙后代。这样，在个人层次上，积累下来的大部分财富会在一个人的有生之年被消耗掉，而未消耗的部分会被分散到每一代人之后的更多代人手里。

考虑到上述因素，再加上现有的高比例遗产税的均化效应，就足以阻止皮凯蒂担心的那种财富积累现象了。例如，在过去大约 60 年中，美国的实际家庭总财富每年增长 3.2%，而实际个人总收入每年增长 3.3%。在这段相对和平繁荣的时期，无论收入还是财富都没有实质性的变化。

不平等的起起落落

皮凯蒂和其他研究人员还发现，不平等在过去 30 年左右加剧了。皮凯蒂认为除非政府进行干预，否则收入和财富的分配将会变得更加不均。30 年在世界历史甚至美国历史上都不过是一瞬之间。人们很容易从历史中选取另一个 30 年，对不平等趋势得出截然不同的结论。理由很简单，繁荣与萧条交叠更替，创新与停滞周而复始，战争与和平此消彼长，这些都会使社会各阶层人们的经济状况发生不规则并难以预料的变化。

由此产生了三个问题。第一，在过去几十年里经济不平等究竟是怎样测量的？第二，这些测量方法是否可信？第三，我们是否应当像皮凯蒂那样担心未来会出现经济不平等？

收入不平等正在加剧

一份由国会预算局（CBO）提交的报告清楚地显示，政府的转移支付（主要包括社会保障金和得到大量政府补贴的医疗保险）对许多中低收入个人来说是一项重要的收入来源。这些人承担的税率也低于平均数。而皮凯蒂的研究在很大程度上忽视了这些因素。例如，皮凯蒂认为多数美国老年人处于贫困之中。实际上，所有其他研究者得出的结论是65 岁以上的人口在各年龄段中的贫困率是最低的，这正是得益于社会保障金和医疗保险制度。

一些经济学家现在已经采用国会预算局数据和其他现有数据，重新审视过去 35 年间收入分布的变化。他们发现了两个惊人的现象。第一，各收入水平上的人口收入都有所增长。按照传统做法，研究者们根据收入将人口从高到低划分为五个层次，每层次占总人口的 20％。在排除掉通货膨胀因素干扰之后，每一层次人口的收入在这一时期都有所增长。在后四个层次的人口中，税后收入增长最快的实际上是最底层，也就是最贫困的人口。第二，最顶层的人口收入增长速度比底层更快，而且在最顶层人口中，收入最高的人口收入增长也最快。

这一研究的结论是，各阶层的**实际收入**（real income）都在增长。富人在变得更富，但穷人也在变得更富，只不过穷人变富的速度没有最顶层的那部分人那么快罢了。而皮凯蒂将研究的焦点集中在第二点上了。

收入流动性

考虑收入分布时必须记住大多数美国人都表现出很强的**收入流动性**（income mobility）——随着时间的推移，人们在收入分布的不同层次间移动。最重要的收入流动理论是薪酬的"生命周期"模式：人们在年轻时收入最低，在大约 55 岁时达到峰值，然后缓慢下降直至退休。退休时的薪酬普遍大大高于刚开始工作时的薪酬。因此，目前的收入分布表明，多数人在收入分布中会不断向上攀升。现在收入较低的人们普遍会在将来拥有更高的收入。

运气是收入流动性产生的另一个原因。在任何时候，高收入人群的收入都有可能会因为近期的好运而变得更高（相对于他们的平均收入而言）——他们可能中了彩票，或者获得了期盼已久的奖金。相反，目前收入较低的人可能会因为近期的厄运而变得收入更低，原因可能是车祸导致瘫痪或暂时失业。在长期，运气的作用会在人口中平均分布。因此，今天拥有高收入的人们在未来也许会只有低收入，而今天只有低收入的人们在未来也许会获得高收入。

对长期个人收入进行的研究显示，收入流动性产生的原因具有令人震惊的影响。在任意10年间，在收入底层的人们有近一半会升到更高的层次。同样，最顶层的人们也有近一半会降到较低的层次。还有一点同样重要，近几十年里，美国的收入流动性并未有减弱的趋势。几位学者开展了一项重要研究，得出结论：收入阶梯的梯级之间的距离在拉大，但儿童从阶梯较低处向上爬的机会仍保持不变。

测量错误

多数对美国收入和财富分配的研究（也包括皮凯蒂）都是从联邦收入税申报开始的。因为联邦政府对收入征税，所以要对收入尽可能准确地进行测量。但将征税时正确的测量方法用于其他目的就可能会产生误导——而这在近几十年里尤其明显。

在过去的35年里，美国的税收法规变化甚大，皮凯蒂非常依赖的收入税数据并不能达到他的测量目的。正如马丁·费尔德斯坦（Martin Feldstein）所说：皮凯蒂的算术算得不对。

税收法规的主要变化体现在三大方面：

报税——税法进行了调整，要求富人在申报时将更多的资本涵盖在内，而中低收入人群只需申报收入的较少部分即可。因为皮凯蒂在统计时并未将这些变化考虑在内，所以他过高估计了高收入人群的财富增长，而低估了低收入人群的财富增长。

公司税收减免变为个人税收减免——1980年，收入上层人士的税率为70%，而公司税率仅为一半。因此富人纷纷创建公司，将其可查收入从个人税收减免中转移出去。到 1988 年，收入上层人士的税率被减至 28%，因此富人开始解散公司，将收入置于个人税收减免项下进行申报。因为皮凯蒂并未考虑这些变化，他把富人的个人上报收入的增加看作是实际收入的增加，而实际上这些收入只不过被撕下了公司收入的标签，而贴上了个人收入的标签而已。

税率和资本收益——对资产被出售时产生的**资本收益**（capital gains）征税在 1997 年取消，2003 年恢复。许多人尤其是那些比较富有的人为了利用这些税收减免，会将一些资产变卖成其他资产。从皮凯蒂采用的税收记录来看，这些资产的销售好像会使最富有的人群收入剧增，而实际上这些人只不过在进行资产重组，因为这么做比较便宜。

经济平等很重要吗？

尽管皮凯蒂的数据过高估计了美国过去几十年不平等的加剧，但和 1980 年相比，收入和财富的确分配得不够公平。但是我们必须把这一现象放在前文中提到的另一个现象的前提之下来考虑：美国人的总体生活水平是在提高的，无论是在经济的上层、中层还是底层。考虑到这一点，既然所有人都在变富，那么富人变富变得快一些又有什么要紧？

当然，嫉妒可能是一个原因，尽管我们大部分人都不愿意承认我们会犯"七宗罪"中的这一条。大家应当以同样的速度致富这种观点可能还有一个道德上的原因，尽管经济学对这一原因还无法解释。政治也是一个原因。毕竟富人有更多的资源可以用来影响选举的结果。但是至少在美国，财富从未仅仅集中在自由派人士或保守派人士手中，民主党和共和党都蒸蒸日上，即使在凤毛麟角的百万富翁中两党也势均力敌。而且，只要政府不限制政治投入，持各种政见的富人都能够自由地为自己喜欢的事情和候选人投资。竞争是对市场有益的，在政治方面也是如此。

不平等的根源

从经济学的角度，也许我们想要了解经济不平等现象的最重要的原因是帮助我们理解不平等的根源。从广义上来讲，毫无疑问，收入和财富主要是由人们创造的价值决定的。这在体育界和娱乐圈中很容易看到——超级巨星非常富有，而替补运动员、过气明星和无名之辈则挣扎在温饱线上。但各行各业皆是如此：人们的薪酬主要取决于他们创造了多少财富。

但请注意"主要"这个词，因为除了生产力之外，当然还有其他因素也起着作用。例如，和低收入人群相比，富人留给继承人的资产往往更多，这就会使富人的子女比其他人更富有。但继承来的资产仅占可见财富分配的很小比例。而且，富人的继承人在将继承来的财富快速花掉方面往往表现出超凡的能力，这样他们自己的后人就只能继承很少的财富了。

比继承遗产更重要的是"游戏规则"可能会被歪曲，变得对富人有利，而对穷人不利。在这种条件下，由于并不完全根据产出进行分配，所以那些产出最多的人往往得不到经济激励。富人会利用政府来使规则变得对自己有利，这一现象似乎最令皮凯蒂感到困扰。但如果情况真是这样，那么皮凯蒂的解决方案——对富人多征税——也起不到什么作用。毕竟，如果富人这么擅长操控政府，他们必然会使政府将多收的税款用于有利于他们的项目上，而不是造福穷人。

人们可能争辩，关键的问题并非谁更富有或者为什么这些人会更富有，问题是为什么那么多低收入人士没有表现出美国历史特有的向上的收入流动性。毕竟，最底层人群有一半在 10 年内向上移动这一事实意味着还有一半并未上移，理解其中的原因似乎比担心谁的游艇是不是太大了更重要得多。

讨论题

1. 对富人的嫉妒是否取决于其财富的来源？例如，假设两个人同样富有，其中一个人每周工作 80 小时，年年如此，积累了财富；而另一个人中了彩票。其他人对这两个人的嫉妒是否会不同？

2. 1997 年，**资本利得税率**（capital gains tax rate）从 28% 降至 20%，2003 年又降至 15%，许多人认为这些减税措施是暂时的。和永久减税的情况相比，这种看法会对人们在减税时出售资产产生怎样的影响？认为减税是暂时的这种看法会使人们选择出售能带来大量资本收益的资产还是只能带来很少资本收益的资产？

3. 1984 年，私人退休计划的个人余额有 8 650 亿美元。25 年后增长到了 13 万亿美元。私人退休计划的个人余额一般不计入表明收入或财富不平等加剧的统计数据中。对这一数据的忽视会对不平等的相关结论产生什么影响？

4. 今天，通常只需要花很少的钱，你就可以和亲朋好友通过 Skype（一款语音沟通软件）联系，无论他们身处何地。你是否在心理上和经济上都变得更富有了？为什么？类似地，你还可以通过推特、博客和脸书了解富人和名人的生活。有了这一选择后，你是变得更幸福了，还是更糟了？

5. 如果你和一群朋友打扑克，你们实际上是在进行零和博弈。你赢了多少钱，别人就会输掉多少钱；反之亦然。游戏开始后，你们的钱总数不变。变化的是打完扑克后，有的人钱变多了，有的人钱变少了。许多评论家和政治家认为，财富的创造是零和博弈。这种比喻恰当吗？为什么？

6. 皮凯蒂建议对富人征重税。由于个人的财富通常主要取决于这个人有多少产出，这种征税法会对最有生产力的人产生怎样的激励？假设税款被交给穷人，这会对穷人产生怎样的激励？总体来说，你预测这种重税会对社会的总收入和财富产生怎样的影响？

第 *13* 章　为什么女性的薪酬较低？

自 20 世纪中期以来，劳动力市场发生了一场革命性的变化。进入付酬劳动岗位的女性数量达到了前所未有的高度。例如，在 1950 年，只有大约 1/3 的适龄女性工作于付酬岗位，现在却有 60％。由于在此期间男性**劳动参与率**（labor force participation rate）从 86％下降到 70％，女性现在已经大约占到了美国付酬劳动力的一半。女性从事付酬工作的具体岗位也发生了很显著的变化。50 年前，女性很少从事除护士和教师以外的工作，而如今美国的女性几乎占到了每年律师和医师新增岗位的一半。在这 50 年间，美国的工资结构也发生了转型。1950年，女性的中等收入水平大约只有男性中等收入水平的 2/3；如今，美国女性的工资已经相当于男性工资的 80％了。

重新审视一下前文中的最后一句话。平均来说，男性每挣 1 美元，女性只能挣到 0.8 美元。事实确实如此吗？我们来看一个事实：企业主的成本中近 70％是劳动力成本。如果一个雇主全部雇用女性劳动力，而其工资只是男性工资的 80％，则相对于雇用男性劳动力来说，雇主可以降低 20％的劳动力成本。这可以使销售利润增长 14％，企业的**利润**（profit）会因此而获得 3 倍的增长。因此，如果企业对女性支付的工资比对男性支付的工资少 20％，那么企业主肯定会全部雇用女性劳动力。

这是歧视吗？

对于这一点你可能会说，男性和女性间收入差距的原因，除了性别以外，肯定还有其他原因。你也许是对的，收入是与经验、教育、婚姻状态以及年龄等密切相关的。但是，即使当经济学家们利用一些全国性的数据，如美国人口统计局（U. S. Census Bureau）和劳工统计局（Bureau of Labor Statistics）的数据，令所有这些个人特质相同，男性和女性之间的工资差距仍然无法被解释。具有同样个人特质的男性工资平均比女性至少要高出 10%，有些研究表明这种差距甚至可能高达 20%。

对于这种无法解释的男女工资差距，有一种很流行的观点，即这种差距主要源于对女性的性别歧视。理由很简单，大多数企业主或高层管理人员都是男性，在决定雇用男性还是女性的时候，这个类似"老同学关系网"的机制就开始向着有利于男性的方面发挥作用了。按照这种观点，女性就只有在同意接受较低薪酬的条件下才能找到工作。

不过，有这样一个事实：在最近的 50 多年间，劳动力市场上的种族歧视和性别歧视一直是非法的。有两个联邦机构——公平就业机会委员会（Equal Employment Opportunity Commission）和联邦合同执行计划办公室（Office of Federal Contract Compliance）——专门或主要确保这项反歧视法令能够得以执行。按照法庭的解释，该项法律规定，如果某一工作场所的统计数据表明存在对女性或少数族裔支付较低工资的现象，该企业的雇主就会被假定犯有歧视罪而必须提供证据辩解。人们普遍认为，联邦机构在执行这项法律时所做的工作并非无可挑剔，但是，人们也相信，即使是高度短视的联邦官员们也注意到了这个持续的 20% 的薪酬差别。

当经济学家们对单个厂商的账单记录进行深入研究后，上述问题的线索就开始浮现出来了——经济学家们采用了真实、具体和详细的雇员信息，这些信息考虑到了厂商所处的不同地区、不同的工作岗位类型、雇员的不同责任以及其他各种具体因素。这些研究结果显示，所谓的男性和女性的工资差距其实很小，通常不会超过 5%，甚至根本没有差距。这种来自企业层面的数据与经济学视野下数据的明显反差表明了，除性别歧视以外，可能还存在其他某些原因。

孩子的原因

这个其他原因实际上有三点。影响男性和女性薪酬差别的第一个因素是孩子，即妇女的薪酬与她们是否有孩子高度相关。例如在英国，这个问题曾广受关注，女性的平均薪酬在其第一个孩子即将出生前会开始下降，直到孩子十几岁之前会持续下降。尽管在其第一个孩子过了20岁时，她们的收入会开始恢复，但基本上不能恢复到以前的水平。因做母亲而引起的收入下降大约接近1/3，而在孩子自立后，其收入水平的恢复也只有当时下降水平的1/3。美国的数据也显示了与英国类似的收入类型。

女性因为做了母亲而导致收入下降，有很多具体的原因：有些是因为有"母亲情结"而使工作责任和劳动时间都有所减少；有些是因为女员工在第一个孩子出生前后可能会有不同的工作岗位，雇主可能会给她们安排时间上更有灵活性的工作岗位，相应地支付相对较少的报酬。总的来说，一位具有平均劳动技能、24岁的有孩子的女性，比起一直没有生育的女性，在其职业生涯中预期会少获得100万美元的收入。值得强调的是，在男性员工方面没有观察到类似效应。事实上，还有证据表明，有孩子的男性实际上比没有孩子的男性获得的收入还要高一些。这些发现对于大多数人来说，根本没有什么值得惊奇的：尽管女性大量广泛地进入劳动力市场，她们的主要职责分工仍然是照顾孩子和家务，结果就使得她们的职业生涯大受影响。

职业选择

影响男性和女性薪酬差别的第二个因素是职业选择。与女性相比，男性往往会从事相对危险或令人不快的工作岗位，如商业捕捞、建筑、执法、消防、卡车司机以及矿工等。这些岗位都比普通的工作岗位危险得多，结果是男性占了所有职业性伤亡事件中的92%。这种危险的工作提供了所谓的**补偿性差额**（compensating differential），即对因工受伤或死亡的风险给予的额外补偿性收入。从均衡的意义上讲，这些额外的工资仅仅是补偿了额外的危险而已。因此，即使这些男性的收入看起来比那些对教育水平要求比较高或有其他要求的工作岗位的收入要高一些，我们还是需要看到其本质。将风险因素考虑进来加以调整后，这类工作岗位的报酬实际上并不比那些危险程度较低的岗位更高，只是这种表面的高报酬使人们误解为性别差异。

女性薪酬还被另外两个职业选择方面的因素拉低了。第一，和男性相比，女性更倾向于在不大容易失业的行业工作。例如，在最近一次经济衰退中，600 万男性失业，但只有 270 万女性失业。无论年景好坏，女性的失业率显著低于男性。因此，女性获得的隐性补偿就是职业的稳定性。第二，女性在大学里往往选择社会学、心理学和教育学等专业，和这些专业对口的职业薪酬往往较低。而男性正相反，他们更可能选择工程学、计算机技术等能带来较高薪酬的专业。

工作时间

影响男性和女性薪酬差别的第三个因素是工作时间的长短。男性每周工作超过 50 个小时的可能性比女性要多一倍。总的来说，男性平均每周获得报酬的工作时间要比女性长 15％左右。男性从事全职工作岗位的可能性要比女性更高，其获得的薪酬差别也因此而变得巨大。例如，每周平均工作 44 小时相比于每周工作 34 小时，意味着可以获得双倍报酬，而与性别无关。这种潜在的因工作时间而产生的差别部分是因为"母亲情结"，但仍然没有解决的问题是，这是否就是雇主的性别歧视? 或者说这是否是妇女们选择的结果?

尽管我们无法确切地回答此类问题，但是我们仍然有理由相信，某些职业选择的差别以及由此引起的报酬差别是因为歧视。例如，收入最高的蓝领工人通常是普通的行业协会工人，而工业及手工业者协会在历史上就有不太愿意接纳女性会员的传统。我们再来看一下医疗行业。现在越来越多的女性从事专业的皮肤医学和 X 光技师等专业工作，这些岗位的工作时间较为灵活也相对有限，甚至只做兼职也是可行的。但是很多此类医师坚持认为，女性较少从事高收入的外科专职岗位是对女性歧视的结果，而不是反映了女性职业选择的偏好。如果这种说法是正确的，那么即使与男性在相同专业岗位上的女性得到了和男性相同的报酬，这种高收入岗位本身对女性的排斥也会降低女性的平均工资而使她们的处境变得糟糕。

牙医歧视?

如果你对上文中男女薪酬差别的解释不信服，那么来看看牙医这个行业吧。当男性牙医每挣 1 美元时，女性牙医只能挣到 74 美分——这比整个人口的男女薪酬差别还大。但是牙医绝大多数都是自由职业者，可以选择单独行医，或者合伙行医。女性牙医还会对自己产生歧视吗？女性患者在向男性牙医问诊求医的时候，会拒绝女性牙医 26% 的折扣吗？这两个解释都说不通。但是，如果我们不去考虑工作时间长短和经验多少产生的薪酬差别，我们就只剩下这两个解释了。

工作岗位上性别歧视的消除不太可能在短时间内一蹴而就。标准工资的差异，即使考虑了经验、教育和其他因素，很显然也高估了相同资质的男性和女性之间真正的工资差距。不过，有一点是可以肯定的，由于对主要由女性从事的养育子女工作的需求越来越强烈，即使女性得到了相同的报酬，她们付出的劳动也会是不同的。

讨论题

1. 假定某雇主对每周工作 40 小时以内支付的基本工资是每小时 20 美元，对于超过 40 小时工作时间支付的加班工资是每小时 30 美元，该雇主允许员工自行选择工作时间。假定雇员 A 选择每周工作 36 小时，而雇员 B 选择每周工作 42 小时。计算雇员 A 和雇员 B 的每周平均工资。他们之间的收入差距（以百分比计量）是多少？按照你的观点，这种观测到的收入差距是不是包含了歧视因素？说明你的理由。

2. 英国最近的一项研究表明，已婚的男性比未婚的男性收入更高，但只是在他们的妻子没有从事全职付薪工作的情况下。请为此提供一个合理的解释。（提示：考虑在哪种情况下男性更可能会分担家务责任，包括照顾子女。）

3. 自己拥有公司的女性企业主获得的净利润通常只有男性企业主所获净利润的一半。考虑一下为什么女性会愿意接受较低的利润水平。这是否反映了女性在作为雇员方面的选择更少呢？换个说法，这是否反映了女性们发现选择自主创业（除利润外）还有更多吸引她们的优越之处？然后考虑为什么女性企业主确实只获得较低的利润。这可以作为歧视的证据吗？如果是歧视，那是由谁歧视的？如果不是，还有什么原因可以解释这一较低的利润？

4. 你认为为什么我们制定了法律禁止以性别和种族为依据对人进行歧视，却允许雇主们根据经验和教育水平的不同实行差别工资？

5. 假设你拥有一家公司。如果你雇用 10 个男人，每个人年薪 7 万美元，那么这一年你公司的销售收入是 100 万美元，利润是 5 万美元，与同行业同等规模的公司相比属于正常利润。公司的其他成本，例如租金和广告费是 25 万美元。现在假定你雇用 10 个女人，每个人的年薪是 5.6 万美元，那么你的公司的利润可能是多少? 假设女性和男性的生产率相同，但雇用男性要比雇用女性成本更高。列出详细算式。

6. 根据本章的讨论，你认为问题 5 中这些被雇用的女性的生产率如何才能与男性的生产率相同? 列出主要因素并简要解释。

第 *14* 章 最低工资效应

如果你问一位工人是否喜欢涨工资，答案一定是喜欢！但是如果你问他是否喜欢被解雇或被减少工作时间，他的回答可能就是不喜欢了。最低工资效应正好是这个问题的核心所在。

最低工资（minimum wage）是指法律规定的雇主可以向雇员支付的小时工资的最低限度。它的倡导者们认为，低收入工人们的收入水平太低以至无法维持自身的生计和养家糊口，而最低工资制度可以提高处于工资分配最底层的劳动者的收入水平，同时不会引起工人和企业运行的混乱。这项制度的反对者则声称，在低收入的劳动者中，大部分并不需要养家糊口。这项工资制度只是使一小部分人得益，其他很多得不到工作的人却要为此付出更大的代价。反对者们还声称，更重要的是，处于经济生活最底层的人们，往往缺乏必要的劳动技能以使雇主愿意以最低工资水平雇用他们。这些人愿意去工作却无法找到工作，他们从未受过能使其获得较高报酬的基本的劳动技能训练。问题似乎很清楚，但是，事实到底是怎样的呢？

背　景

美国的最低工资制度施行于 1938 年的《公平劳动标准法案》（Fair Labor Standards Act）。最初是规定每小时 25 美分，大约相当于当时制造业平均工资水平的 40％。在随后的 40 年间，法律规定的最低工资被定期调增，大致与整体经济中市场工资水平的变动态势相吻合。基本上，最低工资水平大约相当于制造业平均工资水平的 40％～50％。为了应对 20 世纪 70 年代的高通货膨胀，最低工资于 1974—1981 年间提升了 7 倍，达到每小时 3.35 美元，约占制造业平均工资的 42%。罗纳德·里根（Ronald Reagan）总统发誓要限制最低工资，在他离任时最低工资的绝对水平基本保持不变，却下降到制造业平均工资的 31%。1989 年立法院通过法案，将最低工资调增到 1990 年的每小时 3.8 美元，以及 1991 年的每小时 4.25 美元。5 年后，国会分两个阶段将最低工资提高到了每小时 5.15 美元。2007—2009 年，最低工资分三步提高到了每小时 7.25 美元。

大约有 150 万名工人挣的是最低工资，另外大约有 180 万名工人甚至还挣不到这么多，因为这项法律无法惠及他们。最低工资的支持者们坚称这一制度可以防止雇主对雇员们的剥削，从而帮助人们得到足够的收入以养家糊口。即便如此，一个全职劳动者获得每小时 7.25 美元的工资收入，也只达到了使四口之家脱离贫困线标准的四分之三。事实上，如果只有一个人工作，那么支撑一个四口之家使其达到最低贫困线标准的最低工资标准也应该在每小时 12 美元之上。

然而，最低工资的反对者们认为，这种计算方法是不正确的。例如，98% 的已婚人士工资都高于最低工资标准，只能挣最低工资的单身人士，其收入也足够使他们位于贫困线以上 30% 的人口之列。总体来说，这些单身的劳动者中，大约有四分之一是青少年，他们大都没有过多的财务负担，只有少量的衣物和与汽车相关的费用支出。因此，反对者们认为，最低工资主要使中上阶层的青少年获益，而他们恰恰是最不需要帮助的群体。与此同时，这个制度却使得成千上万处于弱势地位的少数族裔青少年失去工作。

低工资就是低收入吗？

许多关于最低工资的讨论都掩盖了一个非常真实的区别：低工资和低收入。如果回到美国的最低工资制度实施之前，我们就会发现 85% 的低工资工人都来自贫困家庭。因此，最初的最低工资制度很好地对贫困人口进行了定位。时代发展到了今天，只有 18% 的低工资工人来自贫困家庭。

有几个原因能够解释为什么今天低工资和低收入之间只有微弱的联系。第一，由于一个家庭往往有好几个人在赚钱，很多低工资工人所在的家庭收入较高。第二，来自贫困家庭的一些工人薪酬虽然比最低时薪高，但是由于自愿或其他原因，工作时间不长，因而无法摆脱贫困。第三，有大约一半贫困家庭根本没有工人。这些因素产生的影响就是提高最低工资标准后，只有18％的收益能够被穷人获得，34％的收益会被收入高出贫困线两倍的家庭获得。

最新的证据

关于最低工资的争论在几年前就达到了白热化的程度，有研究显示，新泽西州最低工资的变化在短期内对就业并没有副作用。其他一些学者针对加拿大开展的深入研究也充分显示了最低工资标准提高所引起的后果。在加拿大，最低工资制度在不同时期、不同省份有明显的区别。这些区别使得研究者们可以深入地研究最低工资变化的短期效应和长期效应及其差异。从短期来看，最低工资的影响确实是微乎其微的，正如对新泽西的研究所显示的。但是，加拿大的研究者们指出，从长期来看，较高的最低工资标准对就业的副作用是相当大的。从短期来看，企业确实不会因提高了最低工资标准而马上大量裁员；但从长期来看，因最低工资引起的成本上升会迫使小企业退出市场，也正因为如此，就业量会表现出明显的下降趋势。

加拿大的研究结果与美国近年来的大量现实情况十分吻合，这些事实证据也表明了最低工资对就业是有负面影响的。总的来说，对工人的需求数量就像对其他所有商品的需求数量一样，是会对价格做出反应的：价格越高，需求数量就越少。不过，对于最低工资制度究竟会导致多少人失去工作岗位还是有争议的。例如，当最低工资从每小时3.35美元提高到每小时4.25美元时，据可靠的数据估算，就业岗位的潜在损失数量会上升到40万个。

当最低工资上涨到每小时5.15美元时，研究人员发现至少会有20万个工作岗位岌岌可危。最近有经济学家的估算表明，如果美国的最低工资从每小时6.55美元上涨到每小时7.25美元，最终则会使30万名工人失去工作。在劳动力总数大约为1.55亿人的情况下，这个失业数字看起来似乎并不算太大，但是这些因最低工资而无法工作的人中绝大部分是青少年，他们只占全部劳动力人口的5％，却承担了几乎全部的工作岗位损失。

最大的受害者

更重要的是，这些最可能因最低工资制度而失去工作机会的青少年大部分处于弱势地位，很多都是少数族裔的青少年。这些青少年在进入劳动力市场时基本上一无所长，他们往往是最需要在工作中得到培训的。除非等到这些弱势的青少年群体获得一技之长，否则他们就会因最低工资而失业，因而就会成为最没有机会提升自己经济地位的群体。由于青少年的失业率是总失业率的 3 倍以上，而黑人青少年失业率大约为30%，因此批评者们认为最低工资制度从长期来看，将成为少数族裔青少年在就业市场取得成功的最大障碍。

的确，最低工资制度确实存在其支持者们有意回避讨论的一些问题：它会使得雇主们更多地根据性别和种族对雇员进行歧视。当工资水平是由市场力量决定的时候，那些要实行歧视行为的雇主们将会面对一个人数减少且更加昂贵的劳动力供给市场。但是，当政府强令一个高于市场工资率的最低工资水平时，结果就会是非熟练工人过剩，实行歧视性政策就变得更加容易且便宜了。正如美国前财政部长劳伦斯·萨默斯（Lawrence Summers）所说，最低工资制度消除了对雇主实行的经济惩罚，他们可以随意选择那些金发的白人了。

最低工资制度的批评者们还争论道，最低工资制度使得企业更加不愿意对缺少必要劳动技能的劳动者加以培训，他们更愿意雇用那些足以值得其所付高工资的、具有熟练工作经验的工人。企业还可能在附加福利上变得极为刻薄，以降低劳动成本。因此，最低工资制度可能给初级劳动力带来就业歧视、给非熟练工人带来更少的培训机会，以及给新员工带来较低附加福利等问题，令许多观察人士颇为不满。正如哥伦比亚大学的经济学家雅各布·明瑟（Jacob Mincer）所言，最低工资制度对"铁杆失业者"来说意味着"失去的机会"。

生活保障工资？

尽管最低工资制度有这些负面影响，许多州和地方政府还是坚持认为，人们通过工作获得的工资应该足以支付其养家糊口的费用。实际上，政府决定的最低工资（有时称为生活保障工资）会更高一些，其标准在新墨西哥州的圣塔菲和加利福尼亚州的旧金山已达到每小时 10 美元，到 2018 年旧金山的最低工资预计会涨到 15 美元。在某些情况下，比方说在马里兰州的巴尔的摩，当地的最低工资只对与政府实体相关的企业工人有效。但在圣塔菲和旧金山，最低工资以及所有州级最低限额几乎对全部企业有效，但有一小部分企业不执行这些政策，其理由通常是其规模过小或者行业（如农业）情况特殊等。

经过一场持续数月的相当激烈的争论，政客们同意提高最低工资水平。争论的主要焦点是，这一措施提高了某些人的生活标准却减少了另一些人的就业机会，这使得是否施行最低工资制度的讨论很快变成一场论战。美国劳工部一名前高层人士表示，"说到最低工资制度，这个立场实在太难抉择。我们要么赞成更多的就业机会，减少就业歧视，增加劳动在岗培训；要么支持劳动者应该得到更高的工资报酬。无论我们选择哪一个立场，都会立刻受到另一方的猛烈抨击。"当国会和总统面对这个问题时，他们都会深有同感。

讨论题

1. 当较高的最低工资水平使得某些青少年可以获得较高的工资，却会导致其他一些人丢掉工作时，青少年的福利状况变得更好了吗？

2. 除了最低工资制度，还有没有其他更好的办法，既能提高低工资工人的收入，又不减少少数族裔青少年的就业机会？

3. 为什么诸如工会等劳动者组织会支持较高水平的最低工资，即使它们的成员们的收入水平远远高于最低工资水平？

4. 较高的最低工资有没有可能提高就业水平？

5. 即使没有最低工资，青少年的失业率也肯定比成年人高。说出造成此种情况的至少两个原因。

6. 当提高最低工资时，为什么是青少年而不是其他年龄群的成员更容易失去工作或被拒绝就业？

第 *15* 章   高税率的负激励

政治家们似乎总在想办法增加税收。多数情况下，政治家们的言行似乎表明，无论他们要对哪些产品或服务征税，税收决策对这些商品或服务的供给量和需求量都没有丝毫影响。实际上，经济学家之间流传着这样一种说法，政治家们认为所有的需求曲线和供给曲线都是**完全无弹性**（perfectly inelastic）的。在这样的一个世界，高税率对需求量或供给量没有任何影响。政治家的世界多么美妙啊！

奢侈品税

然而，在现实世界里，税率的变化会导致**相对价格**（relative prices）的变化，作为消费者、储户、投资者和雇员的个人会对相对价格的变化做出反应。有这样一个例子很能说明问题。1991年，国会通过了征收奢侈品税的法案。国会议员那时正在想办法获得更多的税收以减少联邦预算赤字，还有什么方法比对购买高价奢侈品（例如游艇、豪车、皮草、飞机和珠宝）征税更能令人心满意足地提高政府收入呢？毕竟富人并不怎么在乎他们要付多少钱，对吧？所以国会通过了对超过10万美元的游艇、超过3万美元的汽车、超过25万美元的飞机和超过1万美元的皮草与珠宝征收10％的奢侈品税的法案。

联邦政府预计在之后的五年里将会多收入90亿美元。然而，仅仅几年之后，奢侈品税悄无声息地被废除了。为什么？因为联邦政府实际上从中获得的收入几乎为零。

说来也许有点奇怪，富人也会对相对价格的变化做出反应。例如，他们会用替代品来替代高价的新游艇。有的人会去购买二手豪华游艇而不是新游艇。也有人决定不把旧的豪华游艇卖掉换成新游艇。还有人在国外购买新游艇，但不带回美国以避税。对于政治家而言，这个故事的寓意在于，供求定律适用于任何人，无论贫富长幼。

静态分析和动态分析

政治的理想世界和人类行为的现实世界之间的差异可以部分归因于政治家往往进行的是**静态分析**（static analysis）。他们假设无论人们所处的条件（例如税制）怎么变化，人们的行为都是静态的，即不变的。如果推行奢侈品税的政治家们采用了**动态分析**（dynamic analysis），他们就会正确地预测消费者（即使是富人）在面临新的税制时会改变购买决策。

动态分析会考虑税率对实际征收的税额的影响主要取决于供求曲线的相对**弹性**（elasticity）。也就是说，如果消费者对含税价格的反应非常强烈，那么即使高的税率（以每件产品所缴税额，或以产品价值的一定百分比计算）也可能产生相对较少的税收收入。例如，在奢侈品税的例子中，新的高端游艇的**需求弹性**（elasticity of demand）相对较大，因此当每艘游艇的税款增加时，需求量就会降到很低，税收就少到几乎可以忽略不计的程度了。

收入税和劳动力供给

现在我们将税收问题从需求方转换到供给方。供给量是否会随着相对价格变动发生变化？是的。但是你可能不会从政治家那里得到这个结论。1916年，政府首次征收联邦个人所得税，税率最高为15%。1951—1964年，联邦个人边际所得税率达到了91%的惊人比例，随后在1965年减至70%，1980年再降至50%。20世纪80年代的大部分时间和20世纪80年代以后，联邦个人边际所得税率最高在31%和40%之间浮动。

政治家们甚至包括一些普通民众通常认为联邦个人边际所得税率对美国最富有的人群而言无关紧要，因为他们那么有钱，即使付完税款之后，他们还是很有钱。这种想法背后的"理论"是劳动力的供给与劳动力的提供者获得的税后价格完全无关。换种方式来说，如果画出劳动力的供给曲线，那么这条线会是一条几乎垂直的线，即每个人每年工作固定的小时数。因此可以认定，劳动力的**供给弹性**（elasticity of supply）很低。

的确，你可能认识这样的人：热爱工作，无论所得税率高低，都愿意以同样的工作强度每年工作同样的小时数。但是在经济学（也就是真实世界）中会发生边际变化。如果某些人会对较高的联邦个人边际所得税率做出反应，工作时间缩短了，那么劳动力的总供给曲线就会向上弯曲，即使对超级富有的人也是这样——就像所有其他产品和服务的供给曲线一样。

证据明显

数据似乎能够证实我们的经济学预测是正确的。1980 年，最高联邦个人边际所得税率为 70%。那一年，收入最高的 1% 的美国人支付的所得税占全部联邦个人所得税款的 17%。2009 年，当最高联邦个人边际所得税率为 35% 时，最富有的 1% 的美国人支付的税额所占比例翻了一番还多。该怎么解释这个现象呢？答案简单明了：较低的联邦个人边际所得税率会制造一种激励，人们会延长工作时间，工作更加努力，因为这么做的回报更大。而且，对于需要冒险的企业家来说，如果他们知道成功将会带来更大的税后收入，那么他们就会愿意冒更大的风险。

欧洲的数据表明同样的激励在各收入阶层中都存在。研究人员发现，税收增加 12 个百分点就会导致欧洲成年人平均每人每年减少 120 小时的工作时间——相当于近 4 个星期。这种税率变化还能导致参加工作的人数骤减，并使许多人参与地下经济活动。因此，总体来说，高税率会导致低产出和高失业率，还会产生大量的避税行为。

激励适用于所有人

我们所说的规则也同样适用于收入分配最底层的人们。在今天的许多国家，包括在美国，在许多情况下，穷人会从政府获得补贴。这些补贴可能是食物券、房屋补贴、医疗保险补贴、直接现金支付（通常被称作福利）。获得这种政府补贴的人通常不会为这些补贴支付所得税。在美国，他们甚至会获得**所得税抵免**（earned income tax credit）——一种**负税款**（negative tax）或**税收优惠**（tax credit）。

如果这些人接受了一份工作，或者他们原先有工作，现在获得了一份薪酬更高的工作，那么通常会发生两件事。第一，他们会全部或部分失去政府的补贴。第二，他们可能必须开始支付联邦（可能还包括州）个人所得税。因为补贴的减少相当于税收的增加，当他们必须真的支付税款时，结果就相当于双倍纳税。

爱尔兰的教训

和在收入阶梯的最高端一样，处于收入阶梯最底端的人们提供的劳动力也受到他们面临的边际所得税率变化的影响。如果接受一份好工作并从政府福利名单上除名意味着不但损失了收益还得支付所得税，接受福利的人们就不会有很大的激励去就业。爱尔兰就是一个好例子。在过去 25 年的大部分时间里，爱尔兰是欧洲经济增长最快的经济体。20 世纪 80 年代末期，爱尔兰的经济一团糟，是欧洲最贫穷的国家之一。爱尔兰存在这样一个问题：获得福利的人们一旦重返职场，领不到救济，就需要面临高达 120％的实际（隐性）边际所得税率。显然，他们并非直接被征收 120％的税，但是实际所得税的确存在，和福利收益的损失加在一起，隐性边际所得税率的确为 120％。换句话说，如果他们重返职场，他们的可支配收入就会下降约 20％！不用说，大量贫穷的爱尔兰人都留在了福利名单上，直到后来这一体制被完全改变。

有趣的是，在改变针对低收入人群的激励的同时，针对高收入企业的税率也发生了改变（从而改变了激励），收到的效果非常相似。在 20 世纪 90 年代，爱尔兰将企业利润税率降至 12.5％，为欧洲最低，仅为美国 35％税率的三分之一。从 2004 年开始，爱尔兰政府又开始为投资进行研发活动的企业提供 20％的税收优惠，向在爱尔兰成立和扩展经营的高科技企业提供减少税款的机会。爱尔兰立刻成为吸引新投资和成功企业的磁石，因为这些企业不想把自己利润的三分之一甚至更多交给收税人。

由于爱尔兰降低企业税率的同时为研发活动提供**税收减免**（tax breaks），数以百计的跨国企业被吸引到爱尔兰经营建厂。它们带来了几十万的就业机会（而这个国家仅有 400 万居民），爱尔兰迅速成为进行研发活动的企业在欧盟 15 个创始成员国中的首选。那么，爱尔兰政府的税收收入呢？尽管税率大幅下降，税收收入实际上却激增至前所未有的高度。实际上，作为国内生产总值的一个组成部分，爱尔兰很快从企业利润中获得高于美国 50% 的税收收入，虽然爱尔兰的税率更低。

这个故事的寓意很简单，那就是"人生无常，死亡和交税除外"。但还有一点，高税率并不总是意味着高税收收入。忽视了这一点，政治家就得自己承担后果了。

讨论题

1. 假设今年政府的开支多于税收收入，需要借钱来填补亏空。假设政府要偿还债务，这意味未来税收会发生什么变化？为了应对预测的税收变化，人们会怎样调整自己的行为？

2. 考虑以下三种情况。在每一种情况下，只要你这周给邻居清理后院，他都会给你 500 美元。

第一种情况：如果你拒绝了这个请求，你这周就可以得到 200 美元的失业救济。如果你接受了，你就可以保留全部 500 美元，而不必支付税款。

第二种情况：如果你拒绝了这个请求，你这周就可以得到 100 美元的失业救济。如果你接受了，你就必须从工作收入中支付 100 美元的所得税。

第三种情况：如果你拒绝了这个请求，那么你得不到失业救济。如果你接受了，你就必须从工作收入中支付 200 美元的所得税。

在以上三种情况下，工作的净货币收益是多少？你的激励会发生怎样的变化？请简单说明。

3. 1951 年，如果你属于交 91% 的联邦个人所得税的人群，你会有多大的激励去钻法律的漏洞以少交联邦税款？如果你处在联邦个人所得税的最低部分，比如说 15%，你为了减少税款而钻法律漏洞的激励会相同吗？请解释。

4. 请解释以下虚拟税收产生的激励会如何影响人们改变自己的行为。请解释在每一种税收方案下，人们哪些事情会做得更少，哪些事情会做得更多？

（1）对所有超过两层的办公楼中的每层楼征收 100 万美元税款。

（2）对所有红色（仅限红色）汽车每辆征收 2 000 美元税款。

（3）对所有新的大学课本每本征收 100 美元税款。

5. 假设联邦个人边际所得税率在未来十年会大幅上升。请解释在长期（而不是税率提高之后的短期）各收入阶层的人群会做出什么反应。和税率提高后一周相比，税率提高一年以后，他们的反应程度会有什么不同？一些人是否在税率提高之前就对自己的行为进行调整？请解释。

6. 一个国家的税收结构会对人们的移民决定产生什么影响？例如，请比较 A 国和 B 国。假设 A 国对个人获得的每一美元征收 20% 的税款。B 国对年收入的头 4 万美元征收 10% 的税款，对 4 万美元以上的所有年收入征收 40% 的税款。首先计算每个国家年收入为 4 万美元的个人和年收入为 10 万美元的个人必须支付的税款。然后考虑一个更一般化的问题：如果这两个国家的语言、文化、气候相似，人们可以选择在隔开两个国家的河的这一边或另一边生活，那么哪些人更有可能选择在 A 国生活，哪些人更有可能选择在 B 国生活？如果隔开两个国家的不是一条河而是一片汪洋，你的推理是否还能站得住脚？如果两国的语言、文化或气候不同呢？请解释。

第四篇

市场结构

第 *16* 章　网络中立性

对网络中立性的争议实际上就是在争论罗马数字"I"和"II"有什么区别一样。要了解原因，我们需要回到 1996 年《电信法》（Telecommunications Act）通过的时候。

电信改革

《电信法》是自 1934 年美国联邦通信委员会（FCC）成立以来电信法规的最大变动。该法案的核心是在很大程度上解除电信业的管制，包括允许企业从事任何电信业务。

该法案一经通过，美国联邦通信委员会就必须做出一个重要的决定：互联网是属于第 I 条款的"电信服务"（如固定电话），还是第 II 条款的"广播服务"（如卫星电视服务）？这个决定很重要，因为如果互联网属于法律规定的第 I 条款，那么所有网络和服务提供商提供的服务和价格都必须单独经过美国联邦通信委员会的许可。相反，如果互联网属于法律规定的第 II 条款，企业就可以按照市场最优价格提供任意的互联网服务了。

美国联邦通信委员会最终决定互联网属于第 II 条款，即一种广播服务。电信专家都认为这个结果有助于互联网行业的竞争和创新，并一直延续至今。企业纷纷涌入市场，在全国建造高速网络，最终进入需要互联网服务的千家万户（用于手机、平板电脑和家用电脑）。数以千计的企业提供不同层次的服务方案，价格也高低不一。一些方案取得了成功，还有一些不受消费者欢迎，被淘汰了。但总体来说，创新和性价比不断提升是成功的关键。更快的速度，更宽的带宽，更实惠的价格才是

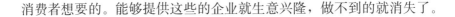

消费者想要的。能够提供这些的企业就生意兴隆，做不到的就消失了。

花钱才能玩

互联网刚开始出现时，用户就必须付钱。付钱越多，得到的服务就越好。从奠定互联网基石并进行运营的 30 多家骨干企业身上可以看到，高速数据传输网络是互联网的核心。威瑞森（Verizon）、美国电话电报公司（AT&T）等最大的十几家一级供应商和其他大型供应商联合构建了"对等"网络。一级供应商大部分像易货贸易那样共享带宽——你可以使用我的数据，我也可以使用你的数据——不额外收取费用。这个系统能够运转是因为总体来说，每个一级网络向其他一级网络提供的带宽与其需要的带宽几乎相等。

最小的骨干供应商和共同构成互联网的其他 13 000 个网络所使用的一级带宽都比自己能够提供的要多。因此，所有小型网络都需要为超过自己能提供的带宽以上的部分向一级网络支付费用。实际上，全世界构成互联网的数以千计的网络都加入了这种协议——**流量协议**（traffic agreements）。结果就产生了易货贸易和货币交易的复杂混合体，确保每一方都为自己获得的服务交费，并从自己提供的服务中获得收入。

这一原则一直延伸到互联网的个人用户身上。尽管没有人按照字节来为自己使用的每一点带宽付钱，但消费者还是要为自己获得的服务掏钱。总体来说，更高的速度和更宽的带宽意味着要交更多的费用。如果你觉得这个在你的大学或当地咖啡馆里不适用，那么请放心，你的学费和咖啡钱、点心钱里已经包含了互联网的使用费。

视频革命

1996 年《电信法》通过之后的 10 年里，大多数消费者的互联网体验主要集中在浏览网页、收发邮件和网络购物上。但是在 2005 年前后，视频革命开始了，Netflix（在线影片租赁提供商）、YouTube（提供视频短片分享服务的网站）、ESPN（娱乐与体育节目电视网）和其他无数网站提供新上映的电影、电视剧、自拍视频、体育节目和其他宽带应用。很快就产生了网络拥堵——Netflix 在互联网上占到了总流量的

30％以上，而 YouTube 占到了总流量的 15％以上。信息高速公路在高峰时段被堵住了，人们开始怀疑旧的商业模式是否还能奏效。

为了应对带宽使用的快速增长，一些主要的视频提供方，如苹果、全球音乐电视台和美国职业棒球大联盟开始采用高容量私家网络来避免拥堵。它们向网络供应商购买使用权，以改善用户体验。谷歌等其他大型视频提供方则自营网络。这和我们在一些城市高速公路上看到的情况很相似（参见第 6 章），修建快速车道后，人们必须付钱使用，这既能够改善付钱使用快速车道的用户的体验，也能够改善那些选择留在传统车道上的用户的体验。

即使这样，也有一些主要的视频提供方拒绝为传输它们的大量数据支付高额费用。例如，Netflix 花钱请一家大型网络公司把数据传送给用户。但有时 Netflix 的数据必须经过一级网络，而一级网络会对他人使用自己的带宽传送影视剧收取费用，Netflix 以及其他一些视频提供方则拒绝支付这些大型网络公司开出的账单。

不付钱，不能玩

加油站确保用户为产品付钱的方法是将不付钱的人"排除在外"。除非你付钱，否则不给你加油。Netflix 和其他视频提供方企图将大量数据偷偷放到传送线上，一级网络对它们采取了与加油站相同的措施：除非视频提供方付钱，否则就面临无法使用主干网络的风险。

在许多人看来，这会导致名为**纵向市场圈定**（vertical foreclosure）的反竞争行为的出现。例如，康卡斯特公司（Comcast）属于一级网络，同时也是视频提供方。它可能会决定阻止客户观看迪士尼控股的 ESPN，从而让更多客户观看自己的子公司国家广播公司体育台的节目。因此，ESPN 就会被排斥到圈外，难以把节目出售给想要观看的客户。

毫无疑问，一级网络可能试图采取纵向市场圈定。相关的问题是：这种方法是否能够奏效？答案是否定的，原因有两点。第一，仅在美国就有 8 家一级网络相互竞争，而且独立网络的数量更多，和一级网络巨头一样庞大。因此，有足够的其他渠道在全国和全世界传送 ESPN 和其他的视频内容。第二，根据**反托拉斯法**（Antitrust laws），纵向市场圈定只要伤害了消费者的利益，就已经是违法的了。

美国联邦通信委员会的介入

但是，美国联邦通信委员会相信纵向市场圈定可能会使互联网不受控制。因此，在 2007 年，该机构实施了据说能够确保网络中立性的法规。实际上，美国联邦通信委员会认为自己有权审核互联网服务供应商之间的每一项协议，包括价格和合同条款。1996 年《电信法》的第 II 条款不允许美国联邦通信委员会有这样的权力，但根据第 I 条款，美国联邦通信委员会可以行使这一权力。因此，尽管美国联邦通信委员会并没有明确表示，但实际上已经在改变 1996 年立法规定中将互联网置于第 II 条款管辖范围的决定了。

对美国联邦通信委员会有司法审判权的联邦法庭驳回了该机构 2007 年的法规，所以美国联邦通信委员会在 2010 年再次试图提出新的网络中立性法规。在审视这些法规时，法庭要求美国联邦通信委员会提供纵向市场圈定的证据。该机构未能提供针对宽带互联网提供方的投诉记录，但设法找到了一些针对有线视频提供方的投诉。正如美国联邦通信委员会的首席经济师杰拉尔德·冯哈伯（Gerald Faulhaber）所说："在十多年里，整个行业只有四起投诉，应该受到嘉奖，而不该用立法去限制。"联邦法庭表示赞同，再次驳回了美国联邦通信委员会的网络中立性法规。

互联网的重要性

几乎从一开始，互联网就远远不仅是一种娱乐资源或廉价购物渠道，它也是全世界新闻和其他知识的主要来源。互联网上信息的自由传播有助于企业和政府诚实守信，倡导人类自由。但是，理解"自由"这个词的意义非常重要。

现代社会互联网最重要的一点就是应当免于内容审查，尤其是由蓄意损害消费者的企业来审查。但是互联网的存在本身就需要依赖大量的私人投资——仅仅在过去的 10 年间就超过 1 万亿美元。此外，还需要动用资源来维护构成互联网的全世界 13 000 个相互交织的网络的运行。建立、维护、运营互联网的这些资源没有一个是免费的。它们都是稀缺的经济资源，都有相应的**机会成本**（opportunity cost）。只有我们放弃更多其他有价值的产品，才能获得更宽的带宽。除非得到回报，否则没有人会这么做。正如"自由言论"并非意味着你可以通过电视新闻频道表达自己的观点，"免费的互联网"也不意味着 Netflix 必须重播动画片而不需支付所占宽带的费用。

还是美国联邦通信委员会

2015 年，美国联邦通信委员会似乎仍然认为互联网需要自己的保护，因此提出了新的法规。尤其是，美国联邦通信委员会提议自己有权审查并批准或驳回每一个网络和视频提供方之间的每一项协议，以确保每项协议都是"公正合理"的。美国联邦通信委员会的支持者们认为，这种权力能够保证网络中立性，即每一字节的信息都应当像另一字节一样得到同等对待。反对者们则认为，就像汽车的车流一样，星期日凌晨3 点的数据流量应该比星期一高峰时段的数据流量便宜。网络将成本的这些差异考虑在内的最有效的方法就是根据大用户（如 Netflix）将大量数据输入互联网主干系统的接入点来定价。

网络中立性法规的支持者们认为，这种定价制度会把高宽带应用程序（例如视频）变成互联网上的二等公民。网络中立性法规的反对者们则认为，实际上 Netflix 是想在高峰时段在洛杉矶的市中心进行玫瑰花车游行，而不想为此支付应有的费用（请参见第 6 章关于拥堵经济的内容）。

一旦美国联邦通信委员会开始调控互联网的价格和服务协议，就会产生一个问题。由地方政府、州政府、国家政府进行这类价格和服务调控的历史都指向同一个方向：让消费者支付更高的价格，同时得到更少的服务。关于铁路、飞机航线和卡车运输公司的联邦法规也提高了这些交通运输方式的成本，大大限制了消费者的选择权。关于固定电话和电气设施的州级法规也收到了同样的效果。关于出租车和许多其他行业的地方法规也一样：提高了价格，限制了服务（请参见第 19 章的更多例子）。很难相信美国联邦通信委员会可以改善这一糟糕的纪录。

神圣的美国联邦通信委员会

我们谈到的美国联邦通信委员会这一机构本身对于互联网的调控也

有着自己的担忧。正如我们在前文中所说，在克林顿担任总统期间，美国联邦通信委员会明确表述这样的调控是不明智的。在布什担任总统期间，该机构最初仍然抵制调控，但到 2007 年最终决定支持调控。

2015 年，五人委员会（five-person commission）多数投票赞成网络中立性法规，但少数的不赞同意见不容忽视。正如阿基特·帕尔（Ajit Pal）委员解释的那样："在美国联邦通信委员会实行网络中立性法规之前，互联网是自由开放的。网络中立性一直是一个没事找事的解决方案。"约书亚·赖特（Joshua Wright）委员在反对网络中立性法规方面说得更加简洁："如果你今天发现互联网坏掉了，就等着美国联邦通信委员会一项一项审批流量协议来修理吧。"

显然，在一个自由的社会，除了我们自己自我约束之外，没有人喜欢任何形式的审查制度，但是互联网是一个包含了全世界 13 000 个网络的复杂系统，它在快速发展，不断蔓延，每一个人都可以在自己能力允许的范围内使用互联网。一个商业实体以某种方式对其进行审查，或者限制任何重要的部分，这似乎并不合理。由于反托拉斯法能够保护大家免受纵向市场圈定的滥用造成的损失，因此让美国联邦通信委员会决定互联网该怎么运营似乎并没有什么好处，而这样做的损失却不小。新的美国联邦通信委员会法规已经遭到服务供应商的质疑，所以现在看起来法庭需要决定的是：互联网是应当由政府运营还是由建立它的个人和企业来运营。

讨论题

1. 你使用互联网的数据量的合理价格是多少？当然，你希望能够少付钱而获得同样的服务，而互联网服务提供商则希望你多付钱。但是你们双方对现在的价格都表示同意，这是否意味着这是公平的？

2. 构成互联网的 13 000 个网络之间有几万项甚至几十万项流量协议。美国联邦通信委员会该如何决定每一份协议的众多条款中哪一条是具有网络中立性的，哪一条是在进行纵向市场圈定？

3. 请解释一个政府可能会怎样利用美国联邦通信委员会追求的权力来遏制互联网自由。（提示：如果一些企业被要求必须降低价格以保证网络中立性，那么这些企业的利润会发生什么变化？）

4. 如果政府制定的价格和服务法规会普遍伤害消费者（且有证据表明情况属实），那么为什么政府还会继续这种做法？谁会从中受益？

5. 如果美国联邦通信委员会成功获得了调控互联网流量协议的权

力，一级网络和其他主要的互联网供应商对政治大选的投入会发生什么
变化？

6. 如果一级网络供应商的数量减少，那么一个或多个一级网络供
应商试图对一些视频提供方进行纵向市场圈定的可能性会变大还是变
小？如果一级网络供应商的数量减少，那么你认为美国司法部的反托拉
斯部门是否会对一级网络供应商的行为实施更多审查？

第 *17* 章　契约、合并与密谋

　　美国在 1890 年的《谢尔曼法》（Sherman Act）中宣布，任何在美国以"契约、合并或密谋"的方式来阻止贸易及商务的行为都是不合法的。对法律术语进行解释的话，这表示美国的企业不准和竞争者联合起来组成**卡特尔**（cartel）以哄抬物价。[①] 因为卡特尔基本上能让企业获得**高利润**（profits），因此企业往往具有很大的激励组成卡特尔。然而，不管政府是否对此进行严格取缔，卡特尔多半都是难以持久的，因为一个成功的卡特尔必须符合下列四个条件：

　　1. 占有率。它必须能掌控某项商品绝大部分的实际产量和潜在产量，只有这样，其他生产者才无法通过扩大产出来压低价格。

　　2. 替代品。对消费者而言，这项商品的替代品要相对较少而且供给相对缺乏弹性。这些因素降低了消费者的**需求弹性**（elasticity of demand），让卡特尔可以哄抬价格。

　　3. 稳定性。在这个产业中，对**成本**（cost）及**需求**（demand）造成干扰的外部因素不能太多，这样，卡特尔才不必常常为了应对环境的变动而调整价格及产量。

　　4. 巩固性。卡特尔必须能轻易地识别及处罚不遵守合约、任意降价及扩大产出的组织成员。

　　所有成功的卡特尔，在某种程度上都必须符合上述四个条件。相反，只要其中一个因素崩溃，卡特尔就会失败。值得注意的是，典型的卡特尔都是国际性组织，因为这样可以使它们避免受到国内法律的约

---

　　① 尽管如此，很多美国的农产品生产商被允许共同提高农产品的价格，这些农产品包括从杏仁到橙子等一系列产品。它们打着卡特尔允许的"销售订购"的幌子得到了美国农业部的支持。

束，有些卡特尔本身就是由政府组建的。

石油卡特尔

最有名及最成功的卡特尔例子就是石油输出国组织（OPEC）。这个组织在 1960 年成立，它的成员包括许多石油生产国，如阿尔及利亚、印度尼西亚、伊朗、伊拉克、科威特、利比亚、尼日利亚、沙特阿拉伯和委内瑞拉等。石油输出国组织对油价的影响原本并不大，1973 年爆发的中东战争激励组织成员进行更具有凝聚力的行动。沙特阿拉伯、科威特及其他阿拉伯国家的石油产量锐减，因为石油的**需求曲线**（demand curve）是向下倾斜的，这个减产行动拉高了油价，同时也迅速提高了石油输出国组织成员的利润。在 1973 年的元旦，沙特阿拉伯的原油只卖每桶 10 美元（以 2015 年的美元价格核算）。一年内价格涨到每桶 34 美元，再过一年，又涨到了每桶 44 美元。到了 20 世纪 70 年代末，每桶原油需要 85 美元，而且没有停止上涨的迹象。

到了 20 世纪 80 年代中期，几股联合力量逆转了油价的走势。全球现有的几个产油地区，如阿拉斯加、挪威及靠近北海的英国属地等的石油产量开始增加，这对石油输出国组织哄抬油价的行为起到了部分抑制作用。最后，这些石油产地会瓜分掉原本掌握在石油输出国组织成员手中的**市场份额**（market share），这也有助于降低石油输出国组织对油价的掌控力。

然而，和许多卡特尔一样，对石油输出国组织而言，最重要的问题是其成员违反了卡特尔的协定。只要卡特尔合约里的企业或国家不止一个，就一定会有人对现状不满，或许是因为它们觉得获得的利润不够多而想要以低于卡特尔约定的价格来出售商品借以谋取巨额利润。这种潜在的欺骗行为一直是对卡特尔存在的威胁。当卡特尔的成员彼此欺骗的数目到达一个临界点时，卡特尔就崩溃了。

在石油输出国组织的案例中，20 世纪 80 年代期间开战的伊朗和伊拉克爆发了严重的欺骗行为。它们各自生产超过**配额**（quotas）的原油，再用额外的原油收入来添购军事设备。1986 年，增产原油的欺骗行为在卡特尔中不断蔓延，原油的价格降到了每桶不到 20 美元（以 2013 年的美元价格计算）。石油输出国组织的成员之一、全球最大的石油生产国沙特阿拉伯终于下了最后通牒，威胁说如果石油输出国组织的其他成员再不遵守约定生产固定数量的原油，沙特阿拉伯就要加倍生产原油。从此，原油的价格就一直在每桶 25 美元和 30 美元之间徘徊，直到 2004 年初，由于世界对石油的需求暴涨，原油价格才迅速提高。经历了 2008 年每桶超过 140 美元的巅峰之后，由于世界性的经济萧条和北美地下石油开采，价格才因此跌落到 80 美元以下。

钻石卡特尔

　　卡特尔面临的困难在钻石市场上也可以看到。在钻石市场上，知名的钻石公司戴比尔斯（De Beers）曾经掌控了全球近 80％的市场，现在它却只拥有 40％的市场份额。戴比尔斯自己生产的钻石只占世界市场的 25％，而通过钻石贸易公司（DTC）控制了另外 15％的市场份额。在戴比尔斯的授意下，DTC 长期把裸钻的价格控制在一定水平来使其成员的利润最大化。然而，在尝了几年的甜头之后，这个钻石卡特尔也在 20 世纪 80 年代至 90 年代间面临着困境。钻石卡特尔的利润提高了其他人寻找新的供给来源的激励，而主要的供给来源在澳大利亚和加拿大。甚至钻石产量占世界 1/4 的俄罗斯也背叛了 DTC，而与 DTC 的最大竞争者利维·列维夫（Lev Leviev）集团进行钻石交易。供给增加，钻石卡特尔内部分裂，这些因素结合起来的后果就变得相当严重了，它使质量最好的钻石按通货膨胀调整后的价格下降了 50％。自 2000 年开始，中国对钻石需求的快速增长驱动价格回到接近历史的最高水平。

鱼子酱卡特尔

　　最近，俄罗斯自己的卡特尔也有了麻烦，即上等鱼子酱供应量的控制问题。全球上等鱼子酱的产地之一在伏尔加河三角洲，它位于里海的北边，哈萨克斯坦和俄罗斯的边界。三角洲地带水质的温度与咸度非常适合鲟鱼产卵。几个世纪以来，这种长鼻史前鱼类的鱼卵一直被视为世上最上等的鱼子酱原料。原本这种鱼子酱的生产是由俄国皇室垄断的，他们留下自己要吃的数量，然后控制其他的供给来源以赚取利益。

　　1917 年，俄国革命推翻了罗曼诺夫王朝（Romanov dynasty）之后，人们很快就看到了垄断鱼子酱市场的潜在利润。因此，在接下来大约 75 年的时间里，由苏联主导的卡特尔一直控制着国内鱼子酱的上下游产业。虽然苏联的鲟鱼卵一年可以生产约 2 000 吨鱼子酱，但新政党的卡特尔规定一年只允许出口 150 吨。结果，由苏联供应的顶级黑鱼子酱，原本在莫斯科黑市上的价格为 1 千克（2.2 磅）5 美元甚至更低；而到了纽约，竟然能卖到 1 000 美元甚至更高的价格。

然而，苏联的解体引发了**竞争**（competition）格局。在苏联解体后，全球最大的两个鲟鱼养殖场就分属于两个不同的独立国家——俄罗斯与哈萨克斯坦——管辖，这两个国家都想拥有及运作对自己最有利的鱼子酱事业。此外，不同的个体户，包括来自这两个国家的里海渔民也有所企图，有的甚至建立起自己的**出口**（export）渠道（官方的说法是黑市走私）。这种资本主义做法的影响就是让鱼子酱的价格在自治的头一年下跌了 20％，也就是从那时开始，竞争变得越来越激烈了。

鱼子酱的消费者最高兴了，但原有的供应商高兴不起来。"我们不需要这种竞争，"其中一位业者抱怨，"所有这些小竞争者的出现都意味着价格的持续下跌，以及市场被分割，这是一道佳肴，而我们必须保持它的高大上。"近年来世界鱼子酱的价格明显提高，不是因为俄罗斯和哈萨克斯坦的经营竞争被控制住了，而是由于严重污染明显减少了该地区的鲟鱼数量。收获量减少迫使鱼子酱的成本和价格上升，而利润降低了。雪上加霜的是，美国的公司（它们的成本未受到俄罗斯工业污染的影响）却由于较高的价格被吸引进入鱼子酱市场，尽管俄罗斯拼命从养鱼场获取鱼子酱，但此**价格-成本困境**（price-costsqueeze）使其又陷入了困境。

大学生运动卡特尔

奇怪的是，尽管存在《谢尔曼法》和其他强硬的反托拉斯法，美国仍有一个长期运作的卡特尔。全国大学生体育协会（NCAA）的运作可以不受反托拉斯法的限制，它的设立不仅是为了规定如何举行大学校际运动竞赛，也规定如何招募运动员和支付工资。在全国大学生体育协会的规定之下，大学生运动员拿不到很多工资。实际上，大学生运动员的工资按规定只能用在学校里的住宿费、膳食费、书费和学费上，每年总额在 3 万美元和 6 万美元之间。也许这对你而言似乎是不错了；对于曲棍球选手或大学的摔跤选手可能也是这样；但是对于被称为**收入运动**

（revenue sports）的大学生运动员来说，特别是橄榄球与篮球的球员，这么少的津贴是不能和这些运动员在开放市场上的收入相比的。当然，各大学都参与全国大学生体育协会的部分原因是为了降低招募大学生运动员的成本。

以橄榄球为例，这个议题一直被热烈地讨论，因此我们能够计算一位顶尖大学生运动员值多少钱。在四年的大学生涯后，运动员进入职业球队，他们在这四年里大概少赚了200万美元。在为次要运动员支付更低的工资时，这样的数目明确地显示出，虽然全国大学生体育协会鼓励大学举办开放竞争的比赛，但当谈到市场竞争时，全国大学生体育协会就犯了缺乏运动家精神的错。

讨论题

1. 为什么所有卡特尔在本质上都是不稳定的？

2. 在市场上以较多生产者组成一个卡特尔和以少数生产者组成一个卡特尔相比，哪个更加容易？

3. 以上等鲟鱼为原料的鱼子酱的价格下跌会对其他种类鱼子酱（如鲑鱼、白鱼或鳟鱼）的制造商产生什么影响？这些厂商会愿意帮助俄罗斯及哈萨克斯坦的政府重组鱼子酱卡特尔吗？

4. 如果你的班级成员计划组织一个减少读书的卡特尔，这个组织的每个人都愿意少读点书，你认为谁最能从中获利？又有哪些人可能有最大的激励去进行欺骗的行为？

5. 印度（拥有10亿人口）开始实施工业化，其人均收入正在上升。这个增长会对石油和钻石的需求以及它们的价格有何影响？请解释。

6. 假设卡特尔的一个成员的边际成本下降，这会对该成员在卡特尔协议中进行欺骗的动机有何影响？请解释。

第 *18* 章　咖啡、茶或免学费

　　几年前，当网络零售业巨人亚马逊公司（Amazon）被揭发对不同消费者销售电影索取不同的价格时，该公司的名誉受到了一定程度的损害。亚马逊公司坚持采用不同的价格是随机的，是为了测试市场。但有一些消费者抱怨亚马逊公司利用消费者的特性修改价格，对可能愿意支付更多的人索取更多。亚马逊公司的"市场测试"很快消失了，但随着时间的流逝，网络公司却发现它们几乎不能避免对不同的消费者索取不同的价格，从家用电器到刮胡刀片都是如此。道理很简单：根据过去的购买习惯、对其他网络的浏览等，网络公司可以非常清楚如何对它们的消费者进行**价格歧视**（price discrimination），从而增加它们的利润。

　　价格歧视难道不应该是违法的吗？它的确是不合法的，至少在某些情况下是不合法的。尽管如此，很多企业却在不断地做这件事，甚至你就读的大学也正在这么做。有趣的是，虽然价格歧视对厂商或大学来说绝对有好处，但你也可能会从中受益。让我们先来看看这是怎么一回事。

价格歧视的基本要素

　　价格歧视的定义是对于同样的商品，向消费者的要价不同，但这一不同并非由向不同消费者提供商品的**边际成本**（marginal costs）不同而引起的。价格歧视有两种情形：（1）提供给消费者的商品的边际成本相同，但价格不同；（2）尽管边际成本不同，价格却相同。前者的例子有药房或电影院向老年人收取比其他人更低的费用；后者的例子则像在自助餐厅吃饭，虽然对每个人的收费一样，但每个人所能吃的量不相同。

厂商若想要实行价格歧视，则必须具备三个条件：第一，这家厂商必须至少在某种程度上是个**价格搜寻者**（price searcher），也就是说，它必须在不被竞争对手抢走销售量的前提下制定高于边际成本的价格。第二，不同的消费者对于相同产品支付不同价格的意愿或能力必须可以辨别。第三，这家厂商必须有办法防止以低价购买商品的消费者将商品转售给其他无此特权的人，或是能够防止购买低价商品的消费者替所有消费者来购买商品的事件发生。

当然，价格歧视的目的是为了给厂商带来更多利润。假设一家公司将商品卖给两群不同的客户，一群是退休者，另一群是上班族。同时假设退休者的收入较少，对商品有较高的**需求价格弹性**（price elasticity of demand），也就是说，他们对价格的变化较为敏感。在这种情况下，一方面，厂商也许会根据不同的消费群重新调整售价，稍稍降低对退休者的售价；另一方面，却大大地提高对上班族的售价。因此，以同样的成本可以取得更多的收入及利润。当然，为了能够这么做，厂商必须仔细界定两群消费者的区别，较常见的做法是低价商品只提供给那些能证明他们足够年老而且已经退休的人。此外，厂商必须避免这些低价商品的购买者将商品转卖给其他消费者。在处方药的案例中，药房会得到美国联邦和州政府法律的支持，禁止这种转卖行为。而在电影院的例子中，购买优惠票的人通常必须本人亲自观影才能买到优惠票。这样可以解释为什么像 Netflix 这种录影带出租店不会像电影院一样给予老年人优惠，因为老年人代替年轻人去租录影带的事情太容易发生了。

航空公司的价格歧视

如果你乘飞机去旅行，你可能也会是价格歧视的受益人。虽然你的父母或老板如果临时决定进行商务旅行，可能会是这种定价方式的牺牲者。在 1978 年以前，美国航空公司受到美国联邦政府的管制，每一家公司都按照由政府核准的单一费率收费，除了夜行及周末航班的班次外很少会有折扣。① 管制解除之后，美国航空公司很快就发现，在消费者之间，需求价格弹性有很大不同：商务旅行者的需求价格弹性比较低，

---

① 按照通货膨胀调整后，这些费率都大大高于现在的票价，因为实施价格管制的政府机构禁止它们进行价格竞争。

因此，比起旅游的乘客来，他们更愿意支付较高的票价。从那时起，尽管旅游的乘客所支付的票价比政府管制时期要低得多，商务旅行者的票价却提高了。

美国航空公司在价格歧视上的精确度与效力，随着时间的推移在稳定地增长，这都要归功于所谓的利润管理。结合精密的统计技术与大量的历史数据库及计算机化的即时订位系统，航空公司可以非常准确地预测某一航班的飞机会有多少商务人士需要座位，以及他们愿意支付多少票价。因此一位航空业者指出，"高票价变得更昂贵，低票价变得更低廉。"

实行利润管理

这个过程大概从飞机起飞前几个月就开始了，航空公司会将座位分为 7 个甚至更多不同的价位等级或种类。最初每个等级的座位都会有不同定价，然后利润管理电脑会开始监控预定的座位以将它们和过去的模式做比较。如果头等舱的订位数量增长缓慢，航空公司就会将座位增加到低价区。不过，如果有商务旅行的人士比预期中更快地购买了较贵的无限制座位机票，利润管理电脑则会从折扣票价区中给他们保留座位。

航空公司利用科技以最有效的方式让每一个座位都坐满，同时又尽可能以最高票价卖出每个座位。在飞机准备起飞的前几个星期，航空公司会针对竞争对手的最新变化来调整每个等级舱位的票价。当飞行日期接近时，低价区的位置可能会买不到，甚至某些想要订位的人会被告知该航班的座位已经售完，虽然利用该航班转机到其他航空公司的旅客会发现其实座位还很多——这当然是为了提高售价。调整票价的结果就是，同样是从芝加哥到菲尼克斯的旅客，可能会支付 5 种不同的票价，从最低的 280 美元到最高的 1 400 美元。

可能你会想，所有这些定价策略都能产生巨大利润——但你错了。航空公司之间的竞争太激烈了，乘坐 100 名乘客的航班的利润仅为一名乘客的票价。那么，这些公司努力多赚些又有什么奇怪的呢？

大学的价格歧视

有趣的是，航空公司使用的同一套利润管理技术，现在也被大学用来提供学生的财务补助配套措施。毕竟，在大学的名义学费制度下，更多的财务补助可以被看成较低的就学价格，而学生如同其他消费者一样，都是根据**需求定律**（law of demand）来决策的。例如，大学校方发现，对较早申请入学的学生可以给予较少补助，因为这些学生比较想入学。一位财务补助顾问指出，对入学有高度兴趣的学生，对学费的敏感度比较低。同样的道理，有些学校发现，尽管校方通常会建议学生都来面试，而那些会来参加入学面试的学生多半对入学有很大的兴趣，因此校方也会向他们提供较少学费补助。

除了提供具有价格歧视常规特征的财务补助之外，大学校方每年也会注意登记入学的学生人数，就像航空公司注意每个等级的客舱订位情形一样。如果一个学校申请医学院预科的学生太多，而申请人文学科的学生太少，那么校方就会调整财务补助额度，发放更多金额的补助给想招收学生的学院。一些在某个领域很有名的学校，如果想维持其他专业学生数目的均衡，对这种财务补助的游戏就会特别熟练。就像卡耐基梅隆大学负责招生的副校长所说的，"如果对这些财务补助方案之间没有做一些复杂调整，我们学校就会充满了工程师与电脑科学家，在艺术与设计系里却没有一个学生。"卡耐基梅隆大学同时指出，在决定财务补助费用高低时也有竞争：在春季，学生的财务补助额度被核准之后，校方会请他们传真其他学校所提供的任何对学生而言更优惠的补助内容。对于想要录取的学生，校方通常会提供与其他学校相同的补助。

制药公司的价格歧视

价格歧视在世界范围内都存在。多数大型制药公司会根据买者的国籍采取药物价格歧视。部分原因是其他国家的收入低于美国，因此其他国家的人比美国人有更高的需求弹性，因此，制药公司在其他国家销售处方药品的价格会低于在美国的价格。加拿大就是这些其他国家之一。美国的老年人发现，通过坐公交车去加拿大买药或浏览加拿大药房的网站，他们可以省下很多处方费用。[①] 虽然此举是技术性违法的，但加拿大或美国政府很少会阻止。

---

① 加拿大药品价格低廉的另一个原因是加拿大的国民健康医护体系，也就是说，加拿大政府代表全加拿大人来购买药品，这使得加拿大政府成为垄断性购买者（唯一的买家），从而能够压低药品的价格。

虽然价格歧视肯定会让采用该措施的企业获利，但仍有一个经济学者无法回答的问题：这样做公平吗？大部分不介意多待一个周六晚上或是在一个月前就预订机位的大学生，也许并不介意价格歧视是否可能会使他们的票价变得较低。然而，商务旅行者对他们因临时必须飞往另一个地方而被索取较高的票价会不高兴。"他们就是吃定你了！"一位企业人士说。当然，换个角度来看，如果不是因为价格歧视带来的额外利润，有些企业或大学可能很难生存。的确，当被问到这种以入学意愿高低而非付费能力作为标准所做的财务补助调整是否公平时，一位办理财务补助的职员说他别无选择，"因为如果我将它办得很公平，我就会被炒鱿鱼。"

讨论题

1. 即使享有提前订位的折扣，头等舱旅客通常仍得付出比经济舱旅客更高的票价，这算是价格歧视吗？（提示：头等舱的座椅通常都是皮椅而非布椅，且座位也比经济舱的宽一半，同时头等舱可以得到更多服务。）

2. 当一支职业橄榄球队收取不同票价时，位置在露天平台下方 50 码线内的票价是每张票 350 美元，在平台上方且排在末端的票价是每张票 100 美元，这算是价格歧视吗？

3. 除了收入以外，还有什么因素会影响消费者的付费意愿？这些消费差异如何影响企业制定价格歧视的政策？

4. 考虑下列数据：有三家公司（1、2、3），每家公司把产品卖给两个不同的消费者（A 和 B）。针对每个消费者，每单位产品的价格和边际成本如下表所示（例如，公司 1 在不同的消费者中有不同的边际成本，并收取不同的价格）。

	消费者 A	消费者 B
公司 1		
价格（美元）	100	150
边际成本（美元）	100	150
公司 2		
价格（美元）	200	200
边际成本（美元）	100	150
公司 3		
价格（美元）	150	200
边际成本（美元）	100	100

哪些公司在进行价格歧视？请解释。额外练习：对每家公司，根据两个消费者的需求弹性进行排序。

5. 假设一家公司起初以每单位相同的价格向两个不同的消费者出售相同的产品。现在它决定通过向一个消费者提高价格和向另一个消费者降低价格来进行价格歧视。为什么因降价而减少的利润损失不会抵消因涨价而带来的高额利润？

6. 假设一家当地的饮料店对你最喜欢的饮料收取 1 提（含 6 个）6 美元，而 1 箱（含 4 提）收取 15 美元。这是价格歧视吗？

第 *19* 章　摒除竞争

大多数竞争者都讨厌**竞争**（competition），但谁能责怪它们呢？毕竟，如果一家企业能摒除竞争，利润肯定会提高。利润能提高多少要视产业而定，但是计程车市场可以告诉我们什么才是关乎生死存亡的事。

计程车牌照

在纽约，计程车的数量是受到限制的。事实上，在这个很多人都没有车的城市，差不多每 600 人才能分配到一辆计程车。一个人要在纽约合法地经营计程车，必须要在车上安装由官方发放的**计程车牌照**（taxi medallion）。尽管计程车牌照的数量是受到法律限制的，但是如果你愿意接受现在的行情，如 100 万美元，那么你也可以从已有牌照的计程车车主那里买到牌照。需要说明的是，这个价格不包括计程车的价格。也就是说，尽管你可以因此得到加班加点的机会，但同时也得到了可能碰到抢劫、无礼的乘客与有古怪开车习惯的其他计程车司机的机会。

为了避免你因此而认为纽约的计程车司机愿意付这么多钱买牌照的行为过于疯狂，请想想看：因为纽约摒除竞争，开计程车变得有利可图，拥有一个计程车牌照，就可以保证他们能以较优惠的利率借到钱。任何一位想离开这一行业的计程车司机，都可以马上找到计程车牌照的买主，而且成交价通常可以让他赚一笔。事实上，对纽约计程车牌照的**长期投资收益率**（rate of return）远高于在纽约证券交易所对股票的长期投资收益率。

摒除竞争的原理很简单：减少某个产业里的厂商数目，也就减少了商品的**供给**（supply），这样就可以抬高商品或服务的价格。而留下来的厂商就可以享有产品带来的高价格，以及较大的**市场份额**（market share）。然而，消费者是输家，他们不仅得接受高价格的商品，同时对商品的选择也变少了。另一群输家则是被摒除在外的厂商，它们被迫从事其他不合适且低利润的行业。那些受到保护的厂商所获取的高额利润，就是牺牲了消费者及其他被摒除在外的竞争者的结果。从整体来看，整个结果对社会也是一种损失，因为对竞争的管制减少了彼此互惠的程度。

我们曾经说过，纽约计程车的数量是受到政府管制的，这是一个很典型的例子。即使许多政府部门，例如联邦贸易委员会（Federal Trade Commission）及司法部（Department of Justice）等都是鼓励竞争的，但防止竞争最有效的方法还是把政府牵扯进来。来看看电话的例子：长途及市内电话都曾一度受到美国联邦政府的管制，到了 1984 年，长途电话的市场自由化了，美国电话电报公司必须开始和其他公司争夺消费者。结果是，长途电话的费率在剔除通货膨胀因素后下跌 40％。不过，市内电话的服务仍然受到美国联邦通信委员会的管制。在同一时期，市内电话的费率上涨了 40％，这主要是因为美国联邦通信委员会摒除了市内电话服务市场的竞争。

职业注册

摒除竞争好像在美国日益流行了。随着经济从制造业转向服务业，有注册职业的工作人数急剧增加。30 年前，对一个或更多的州而言，有大约 80 个职业需要执照。而现在，大约有 1 100 个职业，从佐治亚州的秘书到加利福尼亚州的贴壁纸的工人，都至少需要在一个州有执照。美国劳动力的大约 30％，即大约 4 500 万人现在从事于注册职业。当然，从官方来看，这样做是为了使消费者不受不道德或不胜任的执业者的伤害。实际上，这样的注册要求主要（即使不是全部）是为了摒除竞争以提高那些获得注册的人的收入。

政府机构管制竞争策略的决策者很多都是律师，因此，不难理解为什么律师这个行业的竞争也是受到管制的。例如，除了加利福尼亚州以外，美国所有州的法学院的数目都是受到管制的，这是为了避免太多人进入这一行业而使得这一行业无利可图。房地产商是州立法成员的典型代表，毫无疑问，它们也成功地将竞争者驱逐出去了。房地产商除了需要通过专门的资格考试外，还应其自身要求被禁止参与任何竞争行为。在 12 个州中，即使房地产商为消费者提供的服务少于平时，也不允许它们少收取费用。在 8 个州中，即使是消费者不需要的服务，为了遵守地方房地产协会的规定，房地产商也不能擅自减少其提供的服务。这些竞争的障碍使得房地产商生活舒适，有利可图，但是购房者和卖房者的生活不怎么好。在美国，房地产商的平均佣金是房价的 5.1%，而在其他国家房地产商的平均佣金是房价的 3.6%。这样，通过摒除竞争，美国的房地产商获得的佣金要比其他国家提供同样服务的房地产商获得的佣金高出约 40%。

美发行业的竞争

有时候，政府会介入某些市场以避免竞争影响到市场行情，如美发行业。有些非裔美国人喜欢在美容院里把他们的头发拉直，这需要每 4 个星期都做一次头发，每月平均要花费大约 100 美元（不包括剪发和造型）。另外一个选择是到美发沙龙去编发辫，现在美国大约有 1 万家美发沙龙，编发只要每 10 个星期维护一次就可以，因此每个月可以省下 50 美元。

如此一来，美发沙龙从业者得以吸引消费者的低价和便利就威胁到了传统做拉直头发业务的美容院从业者，特别是在很注重时尚的加利福尼亚州。加利福尼亚州理发及化妆品委员会于是宣称要保护消费者，并开始打击无执照的美发沙龙业。果然，美发沙龙从业者认为州政府要保护有执照的从业人员，而他们要花 6 000 美元进行 1 600 个小时的训练才能拿到执照。事实上，一位编发师阿里·拉希德（Ali Rasheed）宣称，市场比委员会更能保护消费者。他说："这很简单，如果我把你的头发做坏了，你就不会再回来，而且还会到处去宣扬，这样很快我就没生意做了。"也许他是对的，但是看来加利福尼亚州政府并不想给消费者这样的选择。

执照许可对犹他州未来的编发师而言更加困难。在犹他州，理发、美容、电疗、美甲认证协会（Barber, Cosmetology/ Barber, Esthetics, Electrology and Nail Technology Licensing Board）需要他们支付 16 000 美元的学费，参加 2 000 小时的美容培训——尽管在犹他州没有一所认证学校讲授如何编发辫。在全国，美容师必须参加平均 372 天的培训，而急诊室医生所需的培训仅为平均 33 天。剪发、编发辫、染发难道比救命还重要吗？有些人就这么想。正如密歇根一所美发学校的主任所说："我并不是说我们比医生还重要，但成为美容师要比成为医生容易得多。"

政府也不喜欢竞争

事实上，在纽约也有个例子可以说明政府喜欢保护自己免于竞争。纽约以大众交通系统而闻名，包括地铁和公共汽车。但相对不为人所知的是，纽约的大众交通始于私人企业，纽约市内的第一辆马车和高架铁路也是私人公司研发的。此外，虽然纽约第一条地铁的部分资金是由一家企业向纽约市政府借的，但它其实是一家以盈利为目的的私人企业，它每卖出一张票的利润为 5 分镍币（相当于今天的不到 1 美元）。

在第一次世界大战的通货膨胀期间，纽约的政客拒绝让票价上涨，造成私人交通业的损失。纽约市政府答应要向私人企业示范如何有效地经营交通业，同时又要保护大众不受交通公司的"独裁"，于是纽约市政府接管了地铁，把它和公共汽车合并并且立即提高票价。尽管票价上涨率为通货膨胀率的两倍，但成本上升得更快。所以直到今天，即使基本票价是 2.75 美元，但每搭载一位乘客，纽约市政府就损失同样多的钱，因为票价没有弥补全部成本。

优步的竞争

出租车管制带来的高价和效率低下的大众交通系统近年来遭遇了新的竞争。优步（Uber）和来福车（Lyft）等先行者现在提供所谓的"拼车"服务。例如，在智能手机上安装了优步软件后，你就能看到附近地图上的优步车，以双方都接受的价格便可雇车前往目的地。这些司机都不是优步的员工，优步对他们进行认证，收取车费的 20% 以收回成本。你可能不会感到吃惊，在优步运营的大约 50 个国家，出租车公司和大众交通系统会拼命阻碍这种竞争。但是到目前为止，优步及类似公司仍在扩张，一路降价并提高顾客服务体验。因此，尽管那些反对竞争的人们奋力抗争，目前消费者却能从中获益。

讨论题

1. 有两种方法可以打击你的竞争对手：一种是提供给客户更低的价格和更好的服务；另一种是通过法案来提高竞争对手的经营成本，例如对他们强加特别的经营限制等。假设这两种方法都能成功地把竞争对手赶出市场，你能看出两种方法有什么差别吗？

2. 虽然各级政府有时会避免个人和其他人竞争，但联邦政府大概是其中动作最积极的，而州政府较不积极，地方政府则最不积极。你能解释这种现象吗？

3. 禁止某些厂商进入某行业和对这些厂商征收特别税之间有什么差别吗？

4. 美甲师和美脚师在加利福尼亚州和佛罗里达州都需要获得执照。在加利福尼亚州，从事这些职业的人一定要接受 600 小时的课堂训练；在佛罗里达州，他们一定要接受 240 小时的课堂训练。如果其他因素不变，你认为在哪个州美脚师和美甲师会更昂贵？请用两个州的美脚师和美甲师的人均消费来判断课堂训练需求是被主要设计为提高美脚师和美甲师的品质还是摒除竞争。

5. 尽管纽约的大众交通系统在美国是最大的，但它不是由纳税人高额补贴的唯一城市——实际上，据我们所知，所有的大众交通系统都由纳税人高额补贴。说出这些系统为何受到高额补贴的至少一个经济理由和一个政治理由。

6. 工会是一个限制竞争（在本题中是工人间的竞争）的机构。工会代表全体工人谈判，被认为会导致工人更高的工资和雇主更高的成本。运用这个事实，结合过去 50 年国际贸易在美国经济中已经扮演了日益重要的角色的事实来解释观察到的现象：过去 50 年中，工会会员在私人部门就业中的份额下降了。你的解释应该与以下事实相一致：这一时期工会会员在公共部门就业中的份额并未下降。

第五篇

政治经济学

第 *20* 章　医疗保险是给所有人的……
或者也许不是

《平价医疗法案》(Affordable Care Act)，也指奥巴马医改（Obamacare），在 2010 年被时任总统的奥巴马签署进法律。今天，它的多数条款都已生效。在法律通过的时候，有超过 4 000 万的美国人没有医疗保险，医疗服务的价格也在快速上升。据说，这项法案会同时解决这两个问题。既然多数障碍都已经被清除，我们确实知道自从奥巴马医改后，更多的人已经被覆盖到医疗保险的范围内。但是我们也知道这项法案还有很多承诺没有实现，在许多方面也存在着不足。

医疗保险所覆盖的个人数量增加

《平价医疗法案》成功地提高了拥有医疗保险的美国人的数量。到 2015 年，有 800 万到 1 100 万成年人获得了某种形式的医疗保险。这些人的大约一半购买了私人保单，另一半是符合享受联邦医疗或州医疗条件的低收入人群。然而，仍然有 4 000 万成年人没有保险，多数观察家预测，在下一个 10 年，未保险的成年人的数量也不会下降到 3 000 万以下。

最初，《平价医疗法案》被认为会对未参保人群的数量有一个很大的影响。毕竟，这项法律相当特殊：你需要拥有医疗保险，如果你没有，每年你要被罚款——一开始是你收入的 1%，但在接下来的几年会提高到你收入的 2.5%。这项购买保险的要求被称为**个人强制令**（individual mandate）。

根据奥巴马的说法，这项强制令对于《平价医疗法案》的成功绝对

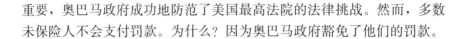

重要，奥巴马政府成功地防范了美国最高法院的法律挑战。然而，多数未保险人不会支付罚款。为什么？因为奥巴马政府豁免了他们的罚款。

强制豁免的效果

个人强制令的最初目的是确保更年轻和更健康的个人购买医疗保险。当保险池不能包含显著数量的年轻人和健康人时，年老、多病的个人高额医疗费用会使保险费急剧上涨。而且，因为纳税人在补助《平价医疗法案》的医疗保险，没有年轻人和健康人的支持，政府支出和纳税人的负担也会增加。由于个人强制令的巨大豁免数量，更高的保险费和更高的政府支出在项目实施的一年内就显示了出来。

到 2016 年，不超过 400 万的美国人可能被罚款，一些观察家预测奥巴马会对这些人中的很多人结束延迟豁免。实际上，在谈及奥巴马颁布个人强制令时，国会预算办公室（Congressional Budgets Office）前主任道格拉斯（Douglas）这样评价："如果你的睡衣不合身，你不需要医疗保险。"换言之，几乎任何人都能得到豁免。这样，新的被保险人主要是老人和多病的人，年轻人和健康人已经要求并获得了豁免。

你生病了但是没有医疗保险——不要着急

《平价医疗法案》指明你不会因为之前存在的疾病而不允许购买医疗保险。这条规则的目的是确保有严重健康疾病的人能够获得保险，但这条规则也有两个其他影响。第一，没有严重健康问题的人拒绝购买保险，因为当问题出现时，不论他们病得多重都能获得保险。这个问题被称为**逆向选择**（adverse selection），驱动每个人的成本上升——既包括纳税人，也包括相对健康的被保险人群。第二，新获得保险的人突然好像出了他们之前从来不知道的问题，这种现象被称为**道德风险**（moral hazard）。这也驱动了纳税人和保险池里其他人的成本上升。

这些因素的组合开始在医疗支出数据中迅速出现。例如，在 2014 年初，新保险的人群和之前有保险的人相比，严重的健康问题是一般问题的两倍多。现在，这些高额健康成本丝毫不令人惊讶，毕竟，法律被设计时提出的一个问题是患病的人无力获得保险。但是高额的成本已经超过了全部预期。这部分是因为个人强制令的豁免产生了高比例的逆向选择，正如健康的人不会购买保险。除此以外，出现了比之前预测的更多的道德风险。例如，《平价医疗法案》本应该鼓励人们获得基本的保健医生来代替急诊室。尽管有一些购买新保险的人正在这么做，但事实是在《平价医疗法案》下，去急诊室的次数急剧上升，与它的支持者预测的情况相反。

新健康保险交流

作为新法律的一部分，美国联邦政府和很多州政府已经创立了健康保险交流。政府官员提供指导原则，私人保险公司卖交流项目提供的保险。私人保险公司的目标是通过在交流项目中提供有吸引力和低成本的保单来相互竞争。2015 年，没有强有力的证据显示交流项目对保险市场的竞争已经产生了巨大影响。在一些州，更多的公司为生意竞争，但在其他州，消费者现在实际上在下降。

交流项目的真正有竞争力的影响可能被《平价医疗法案》创造的不确定性所掩盖。来自个人强制令的豁免的巨大数量已经使得成本高于相对于法律通过时保险公司所期待的成本。而且，因为保险公司无法拒绝任何人，因此让它们预测它们的新参保顾客是否会生病是非常困难的。保险公司面临的高不确定性成本可能会持续一段时间。在保险公司拥有如何在新环境下操作的更好想法之前，交流项目的竞争可能都是不可预测的，因为公司在不同的州可以自由进出市场。

甚至在你读到以上内容之前，交流项目的一个核心部分可能已经产生了大量的政治"烟雾"。在《平价医疗法案》的条件下，联邦补助适用于收入在联邦贫困水平（对于一个四口之家年收入大约 10 万美元）4 倍以内的人群。政府给予补助的依据是人们在申请交流项目的保险时所报的收入，但是这些声称的收入在保险售出一年以内一定要有严格的文件支持。一些观察家预测，在任何给定的年份，都会有很多人不能提供合格的文件。如果是这样，那么除了面对高额的保险费以外，他们还要退还补助。这会导致个人退保，增加这些市场的骚动和不参保人的比例。

许多医院获益巨大

截至目前，毫无疑问《平价医疗法案》已经导致了医疗保险需求的增加。这部分是由于之前不能参保的人群已经被覆盖。另外，很多人现在购买保单只是因为他们符合补助标准。两个群体都消费了更多的医疗保险：更多的到访急诊室的次数，更多的外科手术，更多的处方药。这个额外的医疗保险无疑对这些消费者有巨大的益处——毕竟，这才是《平价医疗法案》的要点。

但还有另一个受益的群体：医疗保险的提供者，多数是医院和药厂。未保险的住院人数在美国的多数医院已经减少，同时，有保险的住院人数增加得甚至更多，从而产生了一个巨大的净增加。医院从而在两方面获益：一方面，它们有更多的病人；另一方面，它们从每个病人身上获得的收入也比之前更高。药厂也看到对它们产品的需求急剧增加。在 2014 年，即《平价医疗法案》实行的第一年，医疗公司的股价与股票价格平均数相比上升了大约 25%，这是医疗利润的猛涨所致。

双层医疗体系的持续

《平价医疗法案》不会做的一件事是在美国去除双层医疗体系。新参保的个人分成以下两个大类：在交流项目中购买他们自己保单的个人和法律认定符合医疗补助计划（为穷人制订的联邦-州医疗计划）的个人。尽管在交流项目中有很多可实施的保险计划，它们的典型条款也比雇主提供的计划或项目外的个人计划谨慎得多。由于交换保单，人们自掏腰包为医疗服务支付的数额因此高很多，而且新参保者急剧限制了医生特别是医院的选择。

这种情形对于医疗补助计划的新参保者甚至更糟。美国联邦和州政府对医疗补助计划提供的医疗类型，以及对医生与医院的支付均有重大限制。因此，对于医疗补助计划的病人的医疗结果倾向于比自己购买医保的人更糟糕。而且，因为在医疗补助计划下的低赔付率，大约 1/3 的基本医疗医师和 1/4 的专家不对新的医疗补助计划内的病人提供服务。底线是新参保的个人比他们之前经济状况更好，但是他们得到的护理显著低于平均水平。

对之前被保险人的影响

写入《平价医疗法案》的是国会和奥巴马认为应该被覆盖在任何保

险计划下的大量条款，不管那些计划是否通过交换被购买。这样，《平价医疗法案》强制所有的保单提供产假、避孕用具、每年的体检，等等。

在 2013 年底《平价医疗法案》生效时，几乎 80％的个人计划都不包含详细条款。因此，保险公司被要求取消数千万份与美国联邦法律不一致的保单。这造成了巨大的政治骚动，迫使奥巴马政府做出了让步。然而，毕竟损害造成了，数百万人不得不争夺新保单，新保单成本经常比之前的保单成本高得多。在 2010 年推动《平价医疗法案》通过的时候，奥巴马总统曾经承诺，"如果你喜欢你的保险，那你可以持有它。"然而对于许多美国人而言，这个承诺并未被遵守。

"49 人"的崛起

不，我们不是在谈论橄榄球队，我们是在谈论拒绝雇用它们第 50 名雇员的企业。少于 50 名雇员的企业免于昂贵的《平价医疗法案》的要求。实际上，少于 50 名雇员的企业可以合法地不提供健康保险，而大公司则要为此支付罚金。这样，一些企业选择重组或者干脆裁员，以便不足 50 名雇员。其他企业则搁置它们的增长计划，因为在昂贵的保险要求之下，增长计划已经变得极为不经济。

然而，拥有 50 名或更多雇员的公司也有规避法律的办法。它们可以使它们的雇员为 "29 人"。即它们能限制其雇员每周工作 29 小时或更少，因为每周工作 30 个小时及以上是《平价医疗法案》定义的全职工作。雇主不必为兼职员工提供健康保险，所以使用这个策略，至少能在每个员工身上节省数千美元。现在美国有 2 800 万名兼职工人。即使没有《平价医疗法案》，多数工人也会缩短工作时间，但观察家一般认为《平价医疗法案》导致了兼职工人数目增加。

底　线

《平价医疗法案》已经给予了美国一小部分人巨大的利益。实际上，对于处于收入底端的人来说，通过提高他们的健康医疗或减少他们自掏腰包为医疗付费，据估计《平价医疗法案》已经使他们真正的收入增加了 6%。对于之前没有保险能力的人来说，这项法案已经成为救生圈。

对于更多的个人来说，《平价医疗法案》提高了保险成本并迫使有些人违背意愿支付保险费用。一些人被取消保单，发现新替换的保单过于昂贵。纳税人也会预期他们的账单上涨：为医疗补助计划的扩张付费和支付在保险交流项目中出售的保单的补贴。

总之，《平价医疗法案》导致了医疗需求的增长，被认为会提高医疗服务的价格。该法案应该有一些减少医疗费用的条款，通过鼓励人们在健康恶化之前寻求常规治疗。目前为止，还没有相关改进，但随着人们对新系统的适应，情况可能有所改变。当然，国家老年人医疗保险制度和医疗补助计划（均在 20 世纪 60 年代颁布）应该在某些方面降低成本，但实际上最终因为医疗需求的增加急剧提高了医疗成本。

并非所有在《平价医疗法案》下发展起来的不确定性都已经自我解决，真正解决可能尚需时日。然而，有一件事是肯定的：如果每个人都意识到医疗的重要性和医疗消费的高成本，那么这就不会是一个太远的话题。

讨论题

1. 在什么情况下，你会尽力避免购买医疗保险？

2. 在新参保的人群中，你能判断出为严重疾病新增的医生和医院治疗的需求价格弹性吗？如果能，是多少？

3. 如果一位雇主选择将很多雇员的工作时间减少到每周不足 30 小时，那么对企业来说可能会有什么负面结果？受影响的员工可能会遭受什么损失？

4. 65 岁以上的人群可以享受国家老年人医疗保险制度——提供医疗补助，只要医生同意接受相对低的费用即可。但一些 65 岁以上的人反而选择自掏腰包去看门诊医生。你能解释为何病人会选择自掏腰包吗？

5. 在英国，每个人都有权享受来自英国税收的国民医疗保健系统提供的服务。然而，每年收入超过 8 万英镑的英国市民中的 2/3 购买私人医疗保险。为什么这些人会选择为医疗服务付费两次？（提示：想想那些花钱把孩子送到私立学校的美国人。）

6. 在什么情况下一位雇主愿意因不提供法律要求的医疗保险而支付年度罚金？

第 *21* 章 绿色能源骗局

如果创造绿色能源仅仅有好的意图就可以，那么我们今天就会拥有足够多的绿色能源，而不再需要使用煤炭、石油、天然气或者核能。当然，如果愿望都能实现，乞丐早就发财了。

在上个 10 年，美国联邦政府在绿色能源项目上倾注了数百亿美元。结果是既没有显著减少我们对国外石油的依赖，也没能净化我们的空气和水，甚至没能在温室气体排放上获得一点儿进展。太阳能、风能和电池能这些稀有资源被使用殆尽是一个有说服力的证明：尽管绿色能源有助于"伟大"的政治，但它也会导致糟糕的环境政策和经济政策。

伟大的目标，但在科学或经济学上不怎么样

任何担心环境的人——意味着我们每个人——都会关注全球变暖和伴随许多能源的污染。环境质量是一种有价值的资源，环境政策和经济政策也同样重要。

进入**绿色能源**（green energy）时代，我们要用最少的污染来迎合我们的能源需求。多数观察家会把风能、太阳能、潮汐和波浪能、地热能归到绿色能源。其他人可能在列表中添加水力发电和核能，尽管很多人会由于以下理由把这两个排除在外：（1）水力发电威胁到一些鱼类的长期生存，（2）核能用过以后会产生危害性的燃料废物。更一般地，绿色能源据说是一种可持续或可再生的能源——尽管人们极少把它们定义为"可持续的"或"可再生的"。

在需求概念上的一个问题

在前文绿色能源的定义中，要注意需求这个词的使用。学习经济学的人都知道对于"需求"没有一个确切的定义。而当我们缺少基本需要，比如食物、水和氧气时，也分别能活 40 天、8 天和 8 分钟。我们断言，很少有人需要在炎热的夏天把恒温调节器设置为 70 华氏度，即使一个人可能会非常享受凉爽的空气。而且，即使你可能认为你需要如此凉爽的环境，但如果获得这个结果的代价是每小时 100 美元，那么你的需求肯定不像之前那么强烈了。

关键点是我们想消费的能源数量的变化显著依赖于能源价格。在电价数倍于美国的国家，人均用电需求比美国要小得多。在美国，随着天然气价格的下降，我们对天然气有了更多使用。卡车和公交车正在从使用汽油转向使用天然气。那些使用天然气供热的家庭在冬季享受着 72 华氏度的室温，而不再是 68 华氏度。在更低的天然气价格下，冬季的取暖费用要比 10 年前少一些。（你在第 8 章已经了解了为什么天然气价格会下降。）

实际上，即使不考虑可持续或绿色能源的话题，我们也能确切地知道一件事。如果在工厂、交通、取暖和降温中使用的能源导致了不良的环境结果，我们就能减少能源消费和对环境造成的大量伤害。如何做到这一点？我们只要确保传统能源价格比现在高就可以了。能源的高额税也会导致更低的**需求数量**（quantity demanded）和消费数量。这个结论严格遵守**需求定律**（law of demand）。

1 号绿色能源骗局——风能

风是免费的，对吧？但是，如果我们要从大风车的涡轮中产生绿色能源，那么风就不是免费的。首先，风车需要大量的钢、玻璃纤维和水泥，所以，建造风车就不是免费的。其次，风力涡轮机也需要新的尼龙来传导涡轮发的电，而且风力涡轮机需要使用金属钕——一个典型的发电厂需要 8 吨这种材料。这种稀土几乎全部产自中国内蒙古。为了精炼这种稀土，需要在一种特殊的酸中煮矿石。这种生产过程留下了湖面大小的致命放射性残骸。

伴随着风力发电厂还存在视觉污染问题。风力涡轮机一定要放在多风的地方，经常在山顶，最远距离 40 英里就能看到它们。海洋是适合做风力发电厂的另一个好地方，但因为它们一定要靠近岸边才能使能量传输变得可行，因此它们又会影响景观。

还有另外一个话题：**间歇性**（intermittency）的问题。风并不总是在吹，所以风力发电厂附属的城市电网需要昂贵的备用电站。在一些情况下，要用风力替换一个 500 兆瓦的传统发电厂，必须既要有 500 兆瓦的风力发电设施，又要有一个 375 兆瓦的传统发电厂。这个备用能源必须依据风是否吹动来启动和停止，这就比这些电站持续运行要产生更多污染。因此，风力并不是传统能源的完全替代品，它产生的污染会超出你的想象。像丹麦这样的国家是如何依赖风能发电 20％ 的呢？因为它依赖北部挪威和瑞典的水力发电站，以及南部德国的煤炭发电站。

风力发电有一个大问题：尽管最近风力发电成本有所降低，它使用的资源仍然高达天然气涡轮的 3 倍，海岸线的风力发电厂使用的资源至少比天然气涡轮多 6 倍。在风能生产上的巨大数量只意味着一件事，你现在也许已经猜到它是什么了：政府不得不补助风力发电，这样才会有人建造风力发电厂。这样的**补助**（subsidization）——纳税人的美元——在使用稀有资源方面产生了无效性，结果是生产风能使用的资源大大超过了它们生产的能源价值。这个简单的事实意味着风能实际上是不可持续的，因为它给我们的未来留下了更少能源。

2 号绿色能源骗局——太阳能

直到世界都不存在了，太阳还会照耀我们。难道那不意味着我们应该利用自然的礼物吗？肯定要利用——只要它值得利用。如果我们使用太阳能创造的收益至少等于这么做的成本，那么我们就应该去做，尽管太阳能设备的成本可不低。它们的制造和安装需要使用大量的能源和其他资源——远超传统能源设备如天然气涡轮所需要的。它们还要使用大量阳光，因为太阳能面板占用大量土地，需要覆盖一块沙漠才能产生商业数量的太阳能。太阳能也存在间歇性的问题，这意味着它一定要有备用的传统能源，即使传统能源多数时间是闲置的。

看一下 NRG 能源公司在洛杉矶和旧金山中间地带建造的一个太阳

能项目。NRG能源公司已经安装了100万个太阳能面板，被设计用来为10万个房屋发电。项目成本是16亿美元，但NRG能源公司并不承担成本。整个账单是由纳税人和北加利福尼亚的电力消费者（甚至包括非NRG的消费者）买单的，从而使他们的费用额外增加了50%。总之，纳税人支出约11亿美元，在电力上多支出了5亿美元，不论他们是否使用了NRG能源公司的电力。

花费16亿美元的补贴是这个项目不可能达到目标的一个清晰信号。我们一定要记得**财富**（wealth）只是意味着生产能力的总数。项目一定要被补贴才能存在的事实表明它的成本超过了它产生的收益。这个项目破坏了财富，因而是不可持续的。

环境怎么了？

现在，人们可能想到太阳能的巨大优势是可再生的。的确，太阳光明天还会在那里，即使我们今天用它们来发电了。但这忽略了一个事实，就是几乎所有建造和维护太阳能电网的非人类资源，比如硅、铝、钢、混凝土和黄铜都是不可再生的。因为用太阳能产生电力耗费的资源大约是天然气的3倍，声称太阳能比天然气是更"可再生的"的言论是站不住脚的。

还会有空气污染和二氧化碳（在决定地球大气温度时起着重要作用）。乍一看，太阳能似乎比燃烧清洁的天然气有着更大优势。毕竟，燃烧天然气发电确实会产生二氧化碳（大约是煤的一半），以及其他污染物。用太阳能，我们不会燃烧任何东西……直到我们记得那些把太阳光变成有用形式的其他资源。所有的钢、铝、玻璃和其他成分都得被生产，在生产过程中都会产生污染和二氧化碳。再次将这个额外生产考虑进去，太阳能和风能在环境上比天然气和核能还要不清洁。

但是，你可能会说，太阳能面板的改进会导致每个面板的更低成本和更多产出，这样在一段时间之后会降低资源的使用。确实有一家前沿太阳能科技公司索林卓（Solyndra）在收到5 280万美元的政府贷款时是这样告诉政府的。在试图证明这一点时，索林卓破产了，正如世界上其他数百家太阳能企业一样。别搞错：太阳能中资源的使用确实在稳步下降，毫无疑问，太阳能也最终会在很多方面节能环保。但那个时刻还没有到来，显然没有任何证据表明在太阳能上革新的步伐会通过昂贵的纳税人补贴来加速。

任何其他名义下的行业政策

当美国政府或任何政府决定补贴、确保贷款或者颁布新的条例来支持一个行业的发展时，我们称之为**行业政策**（industrial policy）。行业政策意味着（尝试）选出胜者，因为私人部门不会这么做。虽然历史已经显示行业政策通常会失败。前总统奥巴马的顾问——经济学家拉里·萨默斯（Larry Summers）在反对给索林卓提供联邦贷款时说，"政府就是一个冒险的风险资本家。"

这个结论不足为奇。我们通常制定政府法律使政府决策者与商业可行性考虑和利益需求相隔离。毕竟，谁会想让当地警察力量的预算依赖于超速罚单呢？所以我们在每个行业政策中有一个基本缺陷：与私人企业家或投资者相比，政府、官僚主义者，甚至当选的官员都没有"切身利益"。因此，官僚主义者和政客在挑选市场的胜利者上更容易犯错。

3 号绿色能源骗局——电动汽车

作为无污染的最新科技之一，电动汽车已经成为模范。通用汽车的沃蓝达（Volt）被认为是挽救公司和保护环境的一种方式。这款电动汽车和其他电动汽车（比如日产的聆风和豪华的特斯拉）被认为是绿色能源革命的中心，因为据说它们保护了资源，减少了污染。

但这些车并未达到预期。沃蓝达的标价在 40 000 美元到 45 000 美元之间，具体价格要看配置。为了推动人们购买一辆有着雷克萨斯价格的雪佛兰，美国联邦政府会给购买者提供 7 500 美元的税收补贴（由纳税人支付）。即使有减免税收的激励，销售也是如此低迷以至通用和它的经销商不得不提供高达 25% 的车价折扣。但这还不够：一年之内，由于滞后的销量，通用不得不三次关闭沃蓝达的生产线。最悲哀的是，根据国会预算办公室的说法，沃蓝达在使用汽油总量和温室气体排放的减少上几乎没有任何效果。

实际上，当我们放宽视野时，电动汽车并不是真的"绿色"。考虑它们生产的整个环节，包括它们大的、昂贵的电池，它们和普通的内燃机汽车至少在首个 8 万英里的距离内的碳排放量是相等的。这个计算甚至忽略了电动汽车倡导者不愿意谈论的东西，如为汽车充电的 40％ 电力都是由火力发电厂提供的，煤炭产生了远多于汽油的碳排放和污染物。

政策和政治

好的政治的核心是不计成本和收益实现政治目标，但好的政策的核心在于精确计算成本和收益。有时好的政治和好的政策是一致的，但两者经常不一致，绿色能源就是其中之一。

政治家认为，提前对环境"做点事情"是好的政治。给定这个目标，剩下的就是将销售电动汽车、风能和太阳能作为高环境收益和低资源成本的政策。然而绿色能源似乎不能提供这些承诺。总有一天，这个结论可能改变，但同时我们需要提醒自己"好的政治并不总是好的政策"。

讨论题

1. 你是否能想出如下情形：使用纳税人的钱来补贴某一类型的行业生产会让国家在长期受益？

2. 我们说行业政策导致资源使用无效是什么意思？

3. 为什么美国联邦政府不得不提供补贴来诱使私人公司建造和维护风力发电厂？

4. 你是否能证明风能和太阳能的扩张是合理的？

5. 对于购买电动汽车的消费者来说，好处是什么？

6. 为什么传统汽车的驾驶者不考虑他们产生的污染？

第 *22* 章　关于转基因食品的争论

如果你吃过爆米花，你就已经吃了转基因（GMO）。实际上，几乎我们吃的所有食物、我们穿的很多衣服，甚至是印有文字的纸张都是来自转基因的植物或动物。事实上，在我们生活中扮演关键角色的所有生物，包括我们家里的宠物，都有一个人为决定的基因结构。既然如此，为什么我们还不断要求在包含转基因的食物上贴相应的标签呢？

转基因的早期历史

让我们回到爆米花，因为玉米可能是第一个被人们有意识地改变基因的生物体。大约 9 000 年前，居住在墨西哥南部盆地巴尔萨斯河的人们就开始把一种墨西哥蜀黍转变为玉米。在接下来的 3 000 年里，他们做了如下实验：

- 软化玉米粒的外壳，使它更好被消化。
- 使玉米粒密实地长在玉米棒上，以减少浪费。
- 将很多分支变成一根玉米秆，以便于收割。

到了 6 000 年前，墨西哥蜀黍已经从地里消失了，取而代之的是今天玉米的祖先。

玉米只是第一个，接下来人类通过牛、大米、树、马、豆类、小麦、棉花、猪和成千上万种其他动植物的基因实验形成了大部分现代农业的基础。这样的基因工程，从杂交到植物嫁接，现在已经为世界提供了食物和衣物。然而，近些年，全球都在反对转基因物种，据称是因为转基因对人类健康和我们居住的生态系统造成了威胁。经过 9 000 年基因工程的成功，为什么人们会突然开始担忧它会产生灾难性的后果呢？

同样重要的是，如果我们决定停止基因工程或仅仅显著放慢它的脚步，又会带来什么可能的结果呢？

新的转基因

第一个问题的答案集中在用来产生今天的转基因植物（甚至转基因动物）的新方法上。科学家不再是用两种已经存在的植物进行杂交，而是选择个体基因——有时来自遥远的物种，把它们插入植物中。它们被称为**转基因物种**（transgenic species），因为它们的基因来自两个或更多不同的物种。例如，所谓的抗虫棉花，就是被注入来自土壤病菌（苏云金杆菌）中产生毒素的基因。棉花中包含的毒素仅会传递给吃棉花的虫子。毒素的传导是如此有效以至种抗虫棉花的农民在土地上使用杀虫剂的用量会少得多——杀虫剂不仅对虫子有毒，而且对于许多其他物种，包括人类都有潜在的生命威胁。

来自转基因的威胁

不像在 9 000 年前有记录的基因工程中见到的那样，反对现代转基因的人们绝不可能接受细菌与植物的杂交。比如说，红花和白花杂交就会产生粉花，当一个物种的基因被注入另一个完全不同的物种时，无法预测结果会是什么。

因此，现代转基因的反对者认为，今天实验的结果可能产生从田地到森林或其他荒地的转基因作物，使得沿线的环境遭到极大破坏。或者，它们和野生植物异花授粉，产生了破坏肥沃农田的超级种子。实际上，现代转基因的反对者认为，我们可能以转基因杀手——能够威胁全部物种乃至人类的转基因物种作为终结。

危险有多大的可能

这样的结果可能吗？是的，科学家说，现代基因剪接技术可能产生令人不快和代价高昂的结果。但是根据美国和欧洲领先的医疗、科学和监察机构调查，这种可能性非常小，甚至也许比基因工程的传统方法，包括 9 000 年前的还要小。原因是目前的方法是高度目标化的，包括插入一个单独的基因，用一个已知的属性进入接收方物种的基因组成一个特定位置。作为总的规则，接收方物种的唯一变化就是结果。这与老方法形成了鲜明对比，尝试一个随机的"鸟枪"法：把两种植物杂交，看看会发生什么。有时什么也没发生，有时发生了很多事情——但是提前预测会发生什么和它是否有益则很困难。

即便如此，我们从事现代基因剪接技术的时间也要比传统杂交晚 9 000 年。因此仍要非常小心，因为新方法会出现我们不曾预料的结果。实际上，我们一定也要意识到对于很多人来说，超越了科学家讨论的转基因是有成本的。

非转基因的费用

没有一个拥有科学证据的机构是绝对正确的，许多消费者认为支持转基因安全的证据对他们来说是不充分的。因此，他们试图避免食用包含转基因的食品，一些人甚至愿意为非转基因食品支付高额费用。这就是为什么全食（Whole Foods）超市要求在 2018 年之前所有产品都要贴上转基因标签。消费者对非转基因食品的喜好可能会刺激一些州出台法律强制在所有食品上贴上转基因的标签。英国和日本已经有了这项要求，另有一些国家限制和禁止转基因食品的进口，它们丝毫不顾这样的事实：在过去的 25 年，在数十亿人的亿万份用餐中，显然没有一例危害来自转基因。

非转基因食品通常要比转基因食品更昂贵。部分是因为昂贵得多的种子和控虫措施，但是一些更高成本的产生是因为证明一种产品是非转基因的是一个漫长而艰巨的过程。当这些成本和某些消费者对非转基因食品的偏好结合在一起时，结果就是价格的上涨。例如，对于大豆和玉米来说，最近溢价的范围在 15％～20％。对于那些希望提供非转基因食品的农民和教授来说，能够阻止他们的产品不受转基因污染显然是非常重要的。

财产权的问题

对于一些作物和一些过程，防止被转基因污染是相对容易的，但在另一些事例中并非如此。例如，苜蓿需要授粉，蜜蜂当然不知道授粉应从哪个农民的田地开始，到哪个农民的田地结束。因此，就会有非转基因的苜蓿被为邻居的转基因作物授粉的蜜蜂授粉。对第一个农民来说的结果就是损失了非转基因证书，因此，他的苜蓿就失去了市场的高价。

毫不奇怪，非转基因的农民和加工者把转基因看作对他们财产权和生存的威胁。因此，关于此类的很多起诉都已经开始走司法程序。转基因农民声称他们有权种庄稼，不受邻居干扰。非转基因农民说他们有权种庄稼，不受污染威胁。这样重要且有争议的话题似乎只能在最高法院内结束。

绿色革命

随着对转基因的反对已经出现在市场、法院和州立法机构，认识到一个基本事实很重要。广泛来讲，基因工程对于当今世界的经济和环境福祉至关重要，如果我们放任它，那么它在未来就会获得收益。

让我们首先考虑 40 年前开始的所谓绿色革命的历史。20 世纪 60 年代中期，科学家使用基因工程来开发高产的大米和小麦品种，随后被亚洲和拉美农民应用。这些作物在有着良好灌溉系统或可靠降雨的热带和亚热带气候中被迅速种植，在数十个发展中国家改变了农业和人类营养的状态。

从营养的角度来讲，作物产量大涨，食物价格下降，上千万人的卡路里和营养摄入显著提高。如果没有绿色革命，在受影响的发展中国家，食物价格大约会提高 50%，卡路里摄入会降低约 15%，营养不良和婴儿死亡率都会显著上升。

从环境的角度来讲，绿色革命的影响甚至更加深远。因为转基因的大米、小麦和其他作物有高得多的产量（以每英亩的蒲式耳计算），农民能够减少种植的英亩数，且仍然能获得作物的更高收益。例如，据估计在 1965—1990 年，基因工程的绿色革命作物在印度挽救了 1 亿英亩荒地。在近些年，现代转基因作物的高产减少了洪都拉斯和菲律宾的去森林化。

全世界

在全世界范围内，已经估计出自 1950 年农业技术和产出变化的总影响。哈德逊研究所（Hudson Institute）的一个专家丹尼斯·艾弗里（Dennis Avery）说，如果没有这些改进，会有 2 000 万平方英里的野生动物栖息地消失以让位给农业耕作，这其中多数是森林。如果当今世界有 1 600 万平方英里的森林，这表明技术的改进和作物产出拯救了地球上每平方英里的森林。

现在，尽管不是所有这些都是在实验室中进行基因剪接的，但很大一部分是，我们在未来面临的挑战可能甚至更大。许多专家相信来自传统基因工程技术的大的产出提升将会停止。可以肯定的是，使用杂交育种的改进还在进行，但没人相信它们能养活到 2050 年可能多出的 30 亿人。然而，许多现代基因剪接技术有那个潜力。也许同样重要地，现代转基因技术承诺同时显著改善环境质量。

转基因对环境的益处

想想我们在前文中提到的抗虫棉花。在美国，农民已经成功地使用杀虫剂来保护棉花，转向抗虫棉花并未显著提高收益。然而，这让农民显著减少了杀虫剂的使用。这不但保护了棉花地里和周围的非目标昆虫和其他物种，也意味着更少的杀虫剂进入河流与湖泊中。在印度，收益以另一种形式存在。资金有限的农民只能使用相对较少的杀虫剂，所以印度历史上虫害导致的作物损失是巨大的。因此，抗虫棉花在这个国家的关键影响体现在收获方面：种植了抗虫棉花后，印度每英亩收获的作物上升了 60%。这不但提高了农民的收入，也为消费者降低了价格，同时保护了荒地不受农业的进一步入侵。

相似地，被称作**抗农达**（Roundup Ready）的大豆和玉米的种类已经改变了美国和其他地方的农业方法。这些转基因作物不怕**农达**（Roundup）——一种杀死了很多种类的野草，然后快速分解成对环境无害的副产品的除草剂。当农民种植抗农达大豆和玉米时——现在已经占美国这两种作物的很大比例——他们能够使用农达而非毒性更强烈的替代物。而且，他们也不需要犁地来铲除杂草了，这反过来急剧减少了水土流失和破坏性的径流流入相邻水域。

承诺和谨慎

然而，转基因作物的承诺远超过了杀虫剂和犁地。例如，抗盐西红柿和其他作物都被开发出来，使得农业可以在贫瘠的土地上开展，为野生动植物保留了肥沃的大草原和森林。相似地，抗铝作物被开发出来，铝在制造飞机上非常有用，但在全世界的土壤中是导致作物死亡的污染物。甚至在最严重的工业垃圾的有毒废物上也能培育出转基因作物，把这样的地区从荒地变为野生动物的栖息地。

然而，认识到大自然会反击也很重要。昆虫和野草已经发展出了对抗虫棉花和抗农达作物的抵抗性。因此，正如人类不得不发明新的抗生素来对抗对旧药物产生抗药性的细菌的出现，基因学家和农民也许要和昆虫与杂草进行连续不断的"抵抗性竞赛"。

考虑到科学探索在新领域的不确定性和未知性，转基因物种的潜在成本——环境上和经济上——需要被仔细监测和考虑。如果基因实验在9 000年前就停止，那么人类命运可能会被改变。也许我们现在不能在宽屏幕的电视机前大嚼爆米花，而只能在墨西哥南部种植蜀黍了。

讨论题

1. 转基因作物的潜在（环境的和经济的）成本与农业（如拖拉机和劳动力）的传统成本有何不同？（提示：谁承担成本？农民还是社会中的其他人？）这个差异意味着我们应该根据这些成本思考和做不同的事吗？

2. 本书第1章到第3章中讨论的工具如何帮我们理解转基因中的政治话题？

3. 假设我们能准确计算开发转基因作物的成本和收益。你能确定经济有效的路径是允许开发非转基因作物吗？

4. 假设转基因作物有巨大收益，包括营养的提升、寿命的延长、婴儿死亡率的减少等。但也要假设有环境成本，例如，一些物种可能会消失，因为它们无法和新的转基因物种竞争。这些环境成本应该超过其他联合收益（不论有多大）吗？

5. 非转基因作物的成本据说更高，因为这些食品在生长和处理的过程中一定要与转基因作物隔离。但是转基因作物也能在更少的土地上生长，这样就降低了土地的价格。总的来说，转基因作物的存在可能使种植非转基因作物更便宜吗？

6. 每蒲式耳非转基因大豆比转基因大豆贵2美元。在平均工资约为每小时25美元的美国，一个人需要工作多少个小时来支付溢价？在平均工资约为每小时25美分的非洲国家呢？在非洲和美国，对待转基因作物的态度可能会有不同吗？

第 *23* 章　少种点玉米，多制造些灾难

1890 年，当政客玛丽·利斯（Mary Lease）在得克萨斯州郊区做巡回演讲时，她大力鼓吹农民"少种点玉米，多制造些灾难"，而他们从此以后就照做了。

美国农业简史

第一次世界大战前的 20 年，美国人目睹了前所未有的农业盛况。这个"美国农业的黄金时期"在第一次世界大战期间还持续着，因为当时的食物价格暴涨；一直到战争结束后，加上 1920 年的经济大萧条，这个黄金时期才终止。即使是从 1921 年到 1929 年的长期经济复苏期，即所谓的"咆哮的 20 年代"，也没能帮上美国农民什么忙。欧洲国家重新将资源转入农业生产，而美国对于外国商品制定的**关税**（tariffs）则严重干扰了国际贸易。由于食物**出口**（exports）是农民的重要收入来源，因此世界贸易的衰退降低了对美国农产品的需求，并大幅削减了食物的价格和农业收入。

20 世纪 20 年代，食物价格的剧烈下跌让农民觉得问题在于生产的相对过剩。因此，有无数的合作计划就此展开了，目的是为了限制生产，但是几乎所有努力都失败了。大多数谷物还是在高度竞争的情况下被生产，大量购买者和贩卖者交易的主要是没有区别的产品，举例来说，一位农民的玉米与其他任何农民的玉米都是一样的。因此，生产者无法要求大家自愿进行配合集体限制产量及提升价格的行动。但是农民在 20 世纪 20 年代无法通过自愿达到的目标，到了 20 世纪 30 年代就通过政府命令达成了。1933 年，政府实施了一个有效的农产品**价格补贴**

计划（price-support program），宣告了美国农业补贴（subsidies）政策的正式开始，这项政策直到今天都还存在。

农产品市场

我们要清楚地了解价格补贴计划及其他政府推动的农业计划的结果，首先应调查在政府尚未介入之前的农产品市场。在这样的竞争市场中，多数农民对每种农产品例如玉米都会供应一定的数量，而每位农民在不同价格时会供应的数量总和，就构成了该农产品的**市场供给**（market supply）。每位农民只提供该农产品市场总量的一部分，因此，没有哪一位农民可以影响该农产品的价格。如果一位农民想提高价格，那么想要买玉米的人可以轻易地向其他农民以**市场出清价格**（market-clearing price）**或均衡价格**（equilibrium price）购买，也没有农民愿意以低于市场出清价格卖出产品。

因此，农民所卖出的每单位产品有相同的价格，卖出的最后一单位（或称边际）的价格会跟所有卖出的其他单位的价格相同。农民将会生产的玉米数量的临界点就是他如果多生产一单位玉米，该单位的生产成本将比卖出的价格更高。请注意：当卖出的价格较高时，农民可以承担额外单位所需的较高成本且仍然有利润。由于所有农民都面对同样的生产逻辑，当价格较高时大家就会一起提高产量，直到额外产量不能带来利润为止，农民才会停止生产。也就是说，每位农民到头来还是会根据市场出清价格来出售玉米，这个价格足以让他平衡生产成本，再得到一份正常利润。[1]

价格补贴

那么，价格补贴计划又是怎么运作的呢？在这个计划下，由政府来决定什么构成一个"公平价格"。最初，这个决定是与农民在好年景得到的价格相联系的。最后，政府颁布的价格由来自农业州和非农业州的国会成员间的激烈谈判来决定。关键之处是除了第二次世界大战期间

---

[1] 对于整个社会来说，正常利润实际上就是生产成本，因为这对于农民继续生产玉米而不是转向其他职业是必要的。

外，通常政府颁布的公平价格（又被称为平价）会比没有价格补贴时的市场均衡价格高一些。这就会鼓励农民多生产一点而又因此压低了价格。

政府又是如何让平价"保持不动"的呢？一般来说有两种方法。在价格补贴计划实行之前数十年间，政府同意以一个**补贴价格**（support price）去购买农产品，如玉米。这个价格足够高，因此会让农民高兴而又不会激怒过多纳税人。实际上，这些购买被来自一个政府机构的"贷款"所伪装，但这些"贷款"永远不需要偿还。政府接着将买来的谷物储存起来，或以低于政府补贴的价格卖到国际市场（而非国内市场），或者干脆通过食物促进和平计划（food for peace program）将它们送给其他国家。无论在哪一种情形下，结果都是纳税人以高昂的代价来给农民提供可观的收入。在价格补贴计划下，美国的纳税人每年仅为了种玉米的农民的利益就要固定支付 100 多亿美元。还有像小麦、花生、大豆、高粱、稻谷、棉花及其他更多谷物的生产者，虽然获得的补贴稍微少一点，但数额也是很可观的。

对价格补贴的反应

为了降低**剩余**（surpluses），政府经常会限制农民可以耕种的土地面积。在各式各样的**耕地限制计划**（acreage-restriction programs）中，想要参加价格补贴计划的农民被要求必须保持一定数量的土地休耕。每段时间都会有大约 8 000 万英亩的土地，也就是如新墨西哥州那么大的面积，在这样的协议下休耕。在高补贴的激励之下，农民总是会巧妙地找出躲避耕地限制的方法。

例如，大豆和高粱是玉米的很好的替代品，可喂食家畜，于是，答应减少玉米耕地面积的农民，就在同一块土地上改种大豆或高粱。这样的行为迫使政府必须将耕地限制和价格补贴扩大到大豆和高粱之上。同样地，为了应对可耕种土地面积的限制，农民会在剩余较少的农地上以超高的密度耕种。他们使用更多的肥料和农药，引进更复杂的播种和灌溉方式，一有机会就将最新科技应用在农业机器上。结果，今天每人每小时的农产品产量是 60 年前的 12 倍。

这个价格补贴计划存在一些问题：首先，由于它将玉米的价格维持在高位上，也就让消费者的食物花费维持在高位上。人们每年都在食物上额外多花 100 亿美元或更多。其次，多出来的玉米年复一年地被堆放在政府仓库内，而储藏这些多余的谷物不仅成本昂贵，在政治上最终也是很尴尬的。例如，有一段时间美国联邦政府仓库所储存的小麦量足以为全世界的每个人做 7 条面包。

目标价格

20 世纪 80 年代初期，美国联邦政府转向了第二项政策，即政府设定**目标价格**（target price），但允许消费者以非常低廉的价格购买所有谷物。在这之后，政府只需要开给农民一张补足目标价格与**市场价格**（market price）之间差额的支票即可。这项政策降低了消费者的食物花费，也消除了政府储存剩余谷物的压力，但它也意味着纳税人为这项政策的花费——最高达每年 250 亿美元——是巨大的，这反映在每年开给农民的大笔支票上。

原来的价格补贴计划将它的补助隐藏起来，谷物有剩余变得好像是美国农民生产力太高的结果。然而，在目标价格政策下，将实物补贴改为直接付现以后，越来越明显的事实是政府一手从纳税人的口袋拿钱，另一手再将钱交给农民。此外，目标价格政策就像其他农业计划一样，其补贴的额度是以农民可以生产的数量为依据的。于是，小户农民得到的补贴是很少的，但大型农场——农业企业家——则可以收到巨额补贴。比如，许多大型生产棉花和稻米的农场每年收到的补贴就超过 100 万美元。

这个事实表明了谁真正从联邦农业政策中受惠。虽然这些政策在传统上总被宣传成保证低收入的农民能有合理的工资，但大多数利益实际上进了大型农场经营者的钱包。农场越大的人可以得到越多的农业价格补贴。此外，对于在土地上种植了价格补贴谷物的土地所有者而言，其所有的由价格补贴产生的利益最后都增加了。

更多的政策修补

1996 年，国会曾经试图降低农业补贴，颁布了为期 7 年的《农业自由法案》（Freedom to Farm Act），后来却证明这个努力是无效的。这些改革被期望增加农民的灵活性，通过解除对小麦、玉米和棉花的价格补贴以消除扭曲市场的外力，农民则可以收到过渡期补贴。纳税人被期望会节省数十亿美元的费用。

结果却并非如此。两年之内，国会已经给农民的补贴增加了数十亿美元。2002 年和 2008 年增加的农业法案，使得农民的银行账户增加了更多的钱。实际上，在 2008 年法案之下，农民可以选择每年适用于自己的补贴——仅确保从美国联邦政府获得最多的偿付。

当前的农业宪法是在 2014 年通过的，可以提供给农民两种获得补贴的方式。在第一种方式下，美国联邦政府保证农民获得每亩庄稼的预定收入。所以，即使价格低或庄稼的收成低（也许是由于干旱或冰雹灾害），农民的收入也不会低于政府的保证水平。在第二种方式下，农民获得针对天气灾害和农作物病虫害的巨额庄稼保险，外加一个有保证的每蒲式耳收成的参考价格。参考价格就像过去的目标价格。如果市场价格低于参考价格，农民则从政府那里获得差额支票。如果市场价格高于参考价格，那么农民按照更高的市场价格出售庄稼。这个农业法案的预计补贴成本是每年大概 200 亿美元——如果在下个选举周期国会不增加慷慨赠予的话。

农业补贴的现实

用来促进农业补贴的一个说法是农民的收入偏低。实际上，农民家庭收入在过去的几十年比非农家庭收入的平均水平一直都要高。考虑到补贴规模，就不难看出原因。在最近一年中，如果农场的利润是 720 亿美元，那么美国联邦政府就会对农民补贴 250 亿美元，比美国联邦政府对贫困家庭的补贴高出大约 50%。亿万富翁如泰德·特纳（Ted Turner），每年都会收到数百万美元由纳税人支付的农业补贴。当将数十亿美元的直接补贴加到由于农业政策增加的数十亿美元的食品价格上，我们发现，每个美国家庭平均将为这较高的食品价格和税负多花费超过 4 000 美元。和以前一样，2/3 的农业补贴会进入前 10% 的大型农场，其中大多数农场的年收入超过 25 万美元。换句话说，大型农商企业持续成为我们慷慨的农业政策的主要受益者。

其他国家的农业政策

也许我们不该对美国的农业政策抱怨太多，因为至少我们还没有像日本那样的农业政策。日本不但对国内农民进行补贴，还对进口食品课征关税，两者结合使得日本农民的收入水平高达该国整体平均收入的两倍。甚至欧洲人也无法抵抗对农民的巨额补贴。我们注意到，美国人在下一个 10 年每年花费在农业上的补贴会是 200 亿美元，而欧盟每年对农业的补贴是 600 亿美元。欧盟的人口比美国要多 50％，包括人口因素在内，欧盟每个农民获得的补贴是美国农民获得的补贴的两倍。

从农业州选出的政客宣称，我们不能弃农民于不顾，因为那会使美国有太多破产的农场且没有足够的食物。但至少有一个国家可以证明这种假设是根本不正确的。1984 年，新西兰的劳工党政府终止了各种农业补贴，而且非常"直截了当"，没有任何过渡阶段就直接进入一个食品自由的市场新阶段。新西兰的农业生产价格过去有超过 30％的农业补贴，甚至比我们观察到的美国农业补贴还要高。新西兰取消补贴是很突然的，也没有给予任何谷物延长的期限。尽管如此，在新西兰却并未发生任何农场破产的情形。事实上，从 1984 年到现在，新西兰只有 1％的农场倒闭。相反，农民对此是以改善技术、降低成本，以及积极地将他们的产品打入出口市场进行回应。

这样的结果是很戏剧性的。新西兰农业生产的价值从取消补贴至今已增加了 50％（以定值美元来计算）。土地**生产力**（productivity）每年都持续提高 6％以上。确实，根据新西兰农民同盟（Federated Farmers of New Zealand）的说法，该国的经验彻底破除了农业部门没有政府补贴就无法繁荣的迷信。

请问有任何一位美国国会议员在听吗？

讨论题

1. 美国种植玉米的农民每年接受由纳税人支付的数十亿美元补贴，这些补贴让他们可以用低于生产成本的价格去出售玉米，尤其是在出口市场上。这样的玉米补贴对墨西哥的农民会造成什么样的伤害？

2. 农业补贴如此明显地伤害了消费者，为什么这样的农业补贴可以持续在国会中得到支持？〔提示：请参考第 27 章有关**理性无知**（rational ignorance）的讨论。〕

3. 如果废除美国的农业补贴政策，哪一些团体会是主要受益者？

4. 为什么你认为是农民而不是经济学家得到了来自美国联邦政府的补贴？（提示：如果你回答农民比经济学家更多，问问自己，如果美国联邦政府开始给经济学家提供补贴，自称为经济学家的人数将有什么改变?)

5. 美国的农业政策可能造成的环境影响是什么? 请解释。

6. 在美国联邦政府的鸭印花票计划 (duck stamp program) 下，猎鸟者每年要付给美国联邦政府一定的费用，其收入被用来购买土地供野鸟栖息。你认为农民是支持还是反对这项计划? 请解释。

第 *24* 章　美国的老龄化问题

美国正在衰老中。那些曾经将披头士和滚石乐团推向巨星地位的7 800 万个婴儿潮时期出生的人现在开始退休。到 2030 年，大约 20% 的美国人将会达到 65 岁或者更老。第二次世界大战后的婴儿潮，在造成了难题和机会的同时，也造成了美国的老龄化，让我们来看看这是为什么。

"老年潮"的起源

在美国的"老年潮"背后有两个主要因素。第一，人类的寿命延长了。1900 年，人类的平均寿命是 47 岁，现在是 79 岁，而在 10 年后可能会提高到 80 岁。第二，现在的出生率已经逼近历史最低值了。相对于她们的母亲，现代的母亲所拥有的孩子的数量更少了。简言之，老年人越活越久，而年轻人因出生率降低，所占比例也在减少。整体来看，这些因素把超过 65 岁的老年人口的比例推高，老年人增长的比率是其他年龄层人口的两倍。1970 年，把美国人口区分为老年人及年轻人各一半的**中位数年龄**（median age）是 28 岁；现在，中位数年龄则是 38 岁，而且在快速上升中。综合这些因素，根据历史标准，平均退休年龄也很低。结果是较多的退休者依赖较少的工作者，以确保他们老年的时光一样是黄金时代。

老年人的成本

为什么一个大学年龄的人要关心其他年龄层的人口问题呢？这是因

为老年人比较昂贵。事实上，超过 65 岁的老年人现在花掉了超过 1/3 的美国联邦政府预算，社会安全对于退休者的支出是巨额的，目前每年为 8 000 多亿美元。医疗保险——每年付给医院和医生的对老年人的支出超过 5 000 亿美元，而且在迅速增加。此外，一年付给各年龄层穷人的 2 500 亿美元医疗补助中，有整整 1/3 是付给 65 岁以上的老年人。

根据现行法律，老年人的支出在不到 15 年内将占所有美国联邦政府支出的 50%，医疗费用占国内生产总值（GDP）的比例也将会加倍。同样，超过 85 岁且急需医疗的老年人也会加倍。在大约 25 年内，美国联邦政府的预算大约有一半会花在老年人身上。简单地说，老年人是美国联邦政府越来越多昂贵支出的受益人。那么，他们到底花了多少钱呢？

首先，现在的老年人比前几代的老年人更富有了。的确，在超过 65 岁的老年人中，每年无条件支付薪酬的比例比其他年龄层无条件支付薪酬的比例高 30%。每年因为通货膨胀而调整的付给退休者的社会安全福利都比前一年多，况且在过去的 40 年中，生活费用调整措施已经使得社会安全福利不受通货膨胀的影响。社会安全福利的影响甚至在收入排行表的最底层也一样明显：超过 65 岁的贫穷率比整体人口的贫穷率低。退休者目前拿到的社会福利金额是他们和他们的雇主所缴纳的工资税（加上利息）的 2～5 倍。

其次，医疗支出是许多老年人最关心的事。在美国，年龄低于 65 岁的人目前每年大约在联邦税中平均要支出 2 000 美元来补助老年人的医疗。的确，世界上没有一个国家像美国这样热心于维护生命：医疗保险的预算中大约有 30% 是用来维持病人最后一年的生命。价值 4 万美元的冠状动脉手术持续地用在 60 岁甚至是 70 岁的美国人身上；超过 65 岁做冠状动脉手术的人，其费用是由医疗保险支付的。甚至连心脏移植手术现在也适用于 60 多岁的人，如果是年龄超过 65 岁的人，他的手术费用就由医疗保险来负担。相对地，日本不负担器官移植手术的费用；英国的国家健康服务系统对于超过 55 岁的人不提供肾脏透析；而美国的医疗保险承担了超过 10 万人的透析费用，这些人有半数是超过 60 岁的，而这些费用每年超过 80 亿美元。就整体而言，老年人得到的医疗保险是他们付给这个保险计划的工资税（加上利息）的 5～20 倍。

你要支付的成本

负担这些医疗福利和社会安全福利的庞大账单的责任，就平均地落在现在及未来工作者的身上，因为这两个计划都是按照工资课税的。30年前，只要对每位工作者的工资征收不到10％就足够了，而现在这个税率已经高于中位数工资的15％，而且预期还会快速地增加。

到了2020年，在20世纪40年代末期和20世纪50年代初期出生的婴儿潮时代的人都将退休，而在20世纪60年代出生的人则趋近退休状态。这两个时代留给现在的大学生和他们的孩子一笔可怕的账单。在接下来的10年里，如果社会安全福利和医疗福利与现在相同，工资税的税率将会提高到25％。而在21世纪中期，工资税的税率高达40％也不是不可能的事。

计算现在的大学生和他们的后代需要偿还巨额账单的一个方法，就是计算每一个工作者所需负担的退休者数目。1946年，一位社会安全福利的受益者是由42位工作者来负担的；1960年，9位工作者必须平分每一位退休者所享有的社会安全福利；现在，大约由3位工作者负担每位退休者所获得的社会安全福利及医疗福利；2030年，只有2位工作者来分担一位社会安全福利和医疗福利的受益者。因此，一对都在工作的夫妻必须养活他们自己、他们的家庭成员及其他接受社会安全福利和医疗福利的人。

行动中的政治经济学

国会和行政部门至今似乎仍不愿意面对衰老中的美国的难题和未来，虽然社会安全计划所制定的退休年龄从65岁逐渐提升至67岁，华盛顿的政客们能做到的最好情况似乎只能是指派委员会"研究"我们所面临的问题。而他们能做到的最坏情况呢？可以举个例子，2003年新的立法允诺对年老公民的医药补助完全由税收支付，这是**应得权益计划**（entitlement programs）40年来最大的扩张支出。在实施前，前总统布什（Bush）宣称每年要增加350亿美元支出，但实施了不到几个月，就预测每年支出将攀升到500亿美元。事实上，这项计划的收益将小于所宣称的，而成本将更高，因为超过3/4的老年公民在新的立法公布之前就已有私人保险的医药给付。可以确定的是，这些私人保险计划将会消失，而留给老年公民更少的选择，并留给你更大的税单。

说到这里，你可能会想，我们怎么才能负担得起如此巨大的医疗和退休福利开支呢？有三点分析如下。首先，它是值得的。毕竟，谁不希望到了晚年能够得到周全的医疗照顾和舒适的退休生活？其次，这个计划的收益要比它的成本更受关注。例如，一对退休的夫妇每年得到 3 万美元的社会保障，而他们花在医疗上的费用是 1.8 万美元。相比之下，一个典型的工薪族家庭每年要为社会保障和医疗支付的费用仅为其一半。这样，退休夫妇推动这一福利政策实施的激励要比工薪族夫妇反对这一政策的激励更大。最后，因为退休夫妇比年轻人有更多自由的时间来投票，所以，老年人的投票率比其他任何年龄段的公民都高。这样，他们要求高福利的呼声就很容易被听取。

未来之路

　　政府可能会对资助老年公民计划的危机做出反应。例如智利，它面临着比美国的社会安全体系更严重的问题。它的反应是把现行制度改成一种会随时间推移而逐渐转换成私人养老金的制度，结果是向现在的退休者提供了安全保障，向未来的退休者提供了较高的潜在福利，并降低所有工作者的税款。美国人可以采取与智利人完全一样的做法——如果我们选择这么做的话。

　　同时，如果社会保障和医疗福利都保持现状，年老的工作者继续以现在的速度离开劳动力市场，未来加在大学生身上的负担可能是他们无法承受的。要避免这样的社会忧虑和如此庞大的支出，老年人需要有能力和意愿来维持他们生活的自给自足。否则，未来只不过是对于过去黄金年代回忆的泡影而已。

讨论题

　　1. 工人的工资税如何影响他们的休闲决定？

　　2. 当政府对年轻人征税是为了支付老年人的福利时，如何影响年轻人自愿为老年人提供的救助？

　　3. 当政府对年轻人征税是为了支付老年人的福利时，如何影响老年人决定要留给他们子孙的遗产数额？

　　4. 一般来说，生产力较高的人收入较多，也支付较多的税。如果美国移民法改变为允许受过高等教育和有技术的人才优先移民，对于今天美国大学生未来的税务负担会有怎样的影响？此举会提高还是降低美国大学生的工资？改变现行移民制度会对现在的大学生有利还是有害？

5. 允许更多移民的移民法会如何影响美国所面临的社会保障和医疗福利的预算危机？

6. 承诺有保障的社会保障和医疗福利是如何影响个人在退休前的节约决定的？

第六篇

财产权与环境

第 *25* 章　拯救物种

从新英格兰到加拿大东岸的鳕鱼一度是非常多的，甚至传说人们可以踏着它们的背跨过海。这种鱼可以生长到 6 英尺长，200 磅重，来自沿岸社区的家庭世代相传他们可以依靠这种鱼过上富足的生活。实际上，大西洋的西北部作为世界的超级鳕鱼渔场而闻名。[**渔场**（fishery）就是适合鱼类和其他海洋生物商业养殖的区域。]然而，随着时间的缓慢推移，大自然的丰富物产开始消失。捕鱼业变得更加艰难，每年捕鱼的数量开始减少，鱼的平均规模开始萎缩。近些年，问题越来越严重。1970—2000 年，捕鱼的数量减少了超过 75％，在这期间所捕捉到的具有代表性的鱼只有 20 磅重。结果，加拿大关闭了它的鳕鱼渔场，而美国船队则完全不复往日的光彩。

渔场广泛倒闭

鳕鱼不是面临灭亡的唯一物种。世界的海洋渔场在减少。自 1950 年起，几乎 30％的渔场都倒闭了，一些科学家预测在 40 年内，所有世界渔场都会消失。人们一致认同：问题在于人类在管理渔场时，没能处理好经济利益最大化和海洋鱼类长期生存之间的关系。当然，这种广泛的认同在回避真正的问题：为什么人类能够管理好小麦农场和养牛场，但在管理渔场上这么失败？

答案始于这样的事实，那就是对于几乎全世界的渔场，政府建立的捕鱼规则就是要"拥有"一条鱼，即一个人必须捕到这条鱼，把它从水中拿出来，而它通常会在几分钟内死掉。当然，这就不像对于牛、猪、鸡或羊的规则。在这个规则下，要想拥有一个动物，一个人只需要将它贴上标签或围上篱笆，或者把它围在建筑物里。政府强加在多数渔场上的特别规则导致了一套特别激励。

当做出收获任何活的动物的决定后，正确测量收获的实际成本则很重要。特别是，如果收获不发生，那么会出现以下情况：（1）动物会继续生长，在未来获得更大的有效收获；（2）动物可能会繁殖，留下产生更大的未来收益的后代。在牛、猪等例子中，收获者（牧场主和农场主）把这两者都考虑进去了，直到生长和繁殖率达到了无须再等待的收获时刻。

但是对于海洋鱼类而言，每个收获者都知道：如果他现在不捕鱼，那么未来的利益（从生长到繁殖）将会被恰好捕到更大的鱼或它的后代的人所享有。渔民对于这个激励的反应是相当理性的。他们"赶着去捕鱼"，在鱼还没有完全长大和繁殖之前去捕鱼。这使得鱼群数量下降，最终导致渔场的倒闭。

命令和控制的失败

然而，一个更加明显的事实是，渔场管理方式的变化有能力阻止和逆转鱼群数量的下降。由政府管理渔场的传统方式被认为是命令和控制体系，因为试图控制渔民，政府颁布了一系列命令。例如，这些管理体系限制了渔民的数量、渔民可以使用的渔船规模、钓鱼用具的类型及捕鱼季的时间，这一切都在尝试将总的收获降下来。即使这样的体系在历史上曾经支配过全世界，但其中最好的管理体系也遭受了激励的不重合：个体捕鱼者通常与最大化渔场的价值和确保它的可持续性的行动不一致。因为个人直到捕获后才拥有鱼，他们就会与其他捕鱼者竞争，不惜牺牲长期的可持续性将小鱼和幼苗捕捞上来。结果是双重的：在短期，渔民收获了过多的鱼；在长期，他们成功地说服政府实行更多的宽松政策，使得破坏更加严重。到目前为止，没有政府能够想出如何使用命令和控制体系来防止过度的捕捞、鱼群数量的减少和渔场的最终倒闭。

近些年，对渔场命令和控制管理的失败越来越显而易见，但问题是：是否有一个可行的选择？经济学家建议分配给个人捕捞者捕捞份额，因为财产权通常是保存资源的最有效方式。

捕捞份额体系

捕捞份额体系有两个特点。首先，基于生物和其他科学标准，决定一个**总捕捞份额**（total allowable catch，TAC）规模。其次，给捕鱼群体（个人或者合作社）的成员分配一个总捕捞份额。通常，根据他们曾经的捕鱼模式的比例把份额分配给现有渔民。份额，经常被称为**个人可转让配额**（individual transferable quota，ITQ），能够被使用、出售或出租给其他人。在捕捞者被规定的**配额**（quota）之外，谁也不能进行捕捞。捕捞份额给了渔民对于鱼的强制性的、可转让的**财产权**（property rights），正如他们对于其渔船和钓具具有财产权一样。这些权利的所有者有动力去保护和保持渔场的价值，正如他们要保护和保持其他财产一样。

使用捕捞份额体系的案例研究表明，这个体系能有效提高渔场的生物和经济健康。阿拉斯加、不列颠哥伦比亚、冰岛和新西兰都是成功实行捕捞份额如个人可转让配额的代表。涵盖了全世界 11 000 多个渔场的近期研究显示，捕捞份额体系在全世界都是有效的。事实上，这些案例系统地研究了捕捞份额体系对渔场的影响，考虑到了可能对鱼群的健康和多样性产生重要影响的因素，如生态系统特性和鱼的种类。这些研究建立了一个统计上可控的实验——而且结果是令人震惊的。

激励的能量

一个传统的测量渔场倒闭的方式是捕捞数量下降到低于所记录的最大捕捞数量的 10%。根据这个标准，自 1950 年以来，每年有平均超过 50 个渔场倒闭，看起来全世界的渔场都有倒闭的趋势。但是在实行捕捞份额体系的渔场，倒闭的进程停止了——完全停止了。而且，在很多实行了个人可转让配额的渔场，鱼群数量很快恢复，甚至是在渔民继续捕鱼盈利的时候。

估计要是在 1970 年开始就实行个人可转让配额，倒闭的事件会减少 2/3。而且，我们今天看到的不是渔场倒闭，而是它们更加健康发展，即使它们仍然支持捕捞者和满足消费者。重要的是，看上去能够防止甚至

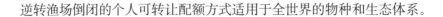

逆转渔场倒闭的个人可转让配额方式适用于全世界的物种和生态体系。

我们也能挽救鲸吗？

捕捞份额体系能保护全世界的鲸存量吗？原则上，答案是"能"，尽管鲸的特点使得这项任务变得更加艰巨。以蓝鲸为例，第一个困难是由于它每年要迁徙数千英里。一头蓝鲸，几乎有100吨重，即使用最现代化的设备也很难捕杀。然而，集中捕猎使蓝鲸的存量从30万～100万头减少为3 000～4 000头。从1965年开始，所有捕猎蓝鲸的行动都已经被国际条约所禁止，尽管一些零星的捕猎在一些国家，如巴西、智利和秘鲁，仍在继续。

蓝鲸活动的巨大范围意味着执行关于它们的捕猎的任何一种规则——包括捕捞份额体系——都可能是代价高昂的。在几千平方英里的海域执行捕捞限制是一回事，在几百万平方英里的海域执行起来又是另外一回事。为保护蓝鲸设计一个捕捞份额体系的第二个困难是由于长期限制捕猎和在之前捕猎上的严格限制，人们对它们的种群数量及种群是萎缩还是增长知之甚少。因此，设置正确的总捕捞份额是极度困难的。

为鲸设计一个捕捞份额体系的第三个棘手问题是，它们是一个"神赐"的物种，即人们只要知道它们出来活动、四处游动，就已经很满足了。（我们怀疑，例如，你是否曾看到过"保护鳕鱼"的车尾贴。）因此，鲸据说有存在的价值，一些人只要知道鲸存在就极为满意了，如果鲸被捕杀灭绝，这种满意就无法挽回地消失了。很明显，即使捕猎者和生物学家对所有鱼类和远洋哺乳动物的生长和繁殖率可能非常了解，他们也不可能知道蓝鲸的种群繁衍对于皮奥里亚居民的价值。所以人们担心蓝鲸的捕捞份额体系可能会导致一个不可接受的蓝鲸低存量。然而，正如我们接下来将要看到的，生物学家或捕鲸者可能不必了解那里居民的一切，也可以确保有足够的鲸以使他们高兴和保证鲸健康。

把野牛端上餐桌

泰德·特纳（Ted Turner），CNN（美国有线新闻网）的建立者和亚特兰大猎鹰橄榄球队的拥有者，有着总面积达200万英亩的15个大农场。泰德也拥有分散在其中 14 个农场的 5.5 万头野牛。简单地说，泰德拥有的野牛比世界上其他任何人都要多。他的野牛资产很明显远不及曾经主导美洲平原的巨大野牛种群，但它们足够确保野牛的基因多样性了，也使得野牛在可预见的未来不会绝种。泰德养了这么多野牛来打发时间无疑有很多理由，但我们能够确定的其中一条理由是：他每年把数千头野牛变成了汉堡包和牛排，既向他自己的餐饮连锁店，也向数百家在菜单上提供野牛肉的其他餐馆供应。尽管泰德在美国饲养了最多的野牛，但也有许多野牛农场主做着同样的事。仅在北美，就有大约 40 万头野牛，还有另外 10 万头野牛散布在世界其他地区。

所以，只是从自己的利益出发，泰德和其他农场主也能够使得野牛存量足够大，从而确保野牛种群的生存，同时满足了某些渴望看到野牛存在的人的欲望。而且，泰德的牛群足够多，可以同时满足全世界 100 万（甚至 70 亿）人的生存价值需求，所有这些都不用需求者花他们自己一分钱（当然，除非他们停下来购买一个汉堡）。

实际上，这正是在全世界的渔场中正在发生的事情，在那里，捕捞份额体系正在发挥作用。养鱼者的获利激励也足以保护鱼类免于灭绝。这样看来，捕捞份额体系也就有潜力来拯救鲸。实际上，捕捞份额体系既能恢复鱼群数量又能使捕捞者盈利，这种作用表明了一个引人注目的基本信息：清楚界定可执行的财产权仍是我们所知的保护其他物种免受人类踩躏的最有效方法。

讨论题

1. 狗、猫、牛和羊有没有灭绝的问题？为什么？

2. 有些人认为，拯救稀有动物的最好方式就是设立私人打猎场，让有钱人去消费游玩。这样的方式如何能够拯救濒危物种？

3. 为了保护物种使其免于灭绝，政府是否需要拥有动物的所有权？

4. 在美国，大部分可捕鱼的河川都是公共财产，任何人都可以进入。在英国，大部分可捕鱼的河川都是私人拥有的，只有那些愿意付钱来捕鱼的人才能进入。钓客都认为，在过去的 30 年里，在美国钓鱼的质量下降了，而在英国钓鱼的质量上升了。你能解释这是为什么吗？

5. 水产养殖是在封闭的区域饲养栖息在水中的动物，包括鱼类、软体动物（比如虾）和贝类（比如牡蛎）。以鱼为例，这意味着在大的箱网中饲养它们。你认为会有"过度养鱼"的问题吗？在你的结论中，水产养殖动物和养殖野生动物的主要区别是什么？

6. 尽管我们把几乎导致野牛灭绝的原因归于野牛捕猎者，但另一个因素也不容忽视。家牛很容易由骑在马背上的人来放牧，并养在有刺钢丝的围栏中。野牛能轻易地穿过普通的有刺钢丝网并用角杀死用来放牧它们的马。解释野牛的这些特点是如何决定它们在大草原上的命运的。

第 *26* 章　温室经济学

天可能不会塌下来，可是变得越来越热。即使不会造成大灾难，但也要我们付出很高的代价。我们现在可以不用花太多钱，就能把问题解决。这就是针对温室效应的辩论：二氧化碳和其他温室气体在大气层中明显增多，正如同毯子般捂住辐射热气的上升，因此，地球表面的温度就升高了。在讨论这个问题的经济概念之前，我们先来了解其物理过程。

二氧化碳和气候

有一些在大气层中的气体，特别是水蒸气和二氧化碳，会阻绝地表上的热气辐射出去。如果没有办法阻止热气辐射出去，地球上的平均温度将可能是零华氏度，而不是 59 华氏度，所有事物都会被冻成固体。人类的活动也有助于产生所谓的温室气体，这些气体包括二氧化碳（主要是由矿物燃料的燃烧造成）和甲烷（从废渣埋填和日常用品中产生）。在改变生态系统方面，我们有着其他物种无可比拟的影响力。

人类正在以破纪录的速度制造大量会堆积在大气层中的气体，这是毋庸置疑的。例如，二氧化碳的集中度每年以 0.5％的速度增加。在过去 50 年中，大气中的二氧化碳总量已经增加了 25％。对至少 16 万年前冰川冰的实验进行分析可以得出，地球气温和大气中二氧化碳的集中度密切相关，而且同时变动。这就意味着今天二氧化碳集中度的升高可能导致全球气温的升高。事实上，美国国家科学院（NAS）估计，到 21 世纪中叶，温室气体的水平是 1860 年的两倍，全球气温的增加会从 2

华氏度升高到 9 华氏度。[1] 气温的升高可能会引起如下变化：

● 平均海平面升高，并且把海岸区域淹没，其中包括佛罗里达的大部分。

● 海藻的繁殖会使大部分海域的海水脱氧，如切萨皮克湾。

● 大部分中西部稻谷带将变成炎热、干旱的黄尘地带。

对于负外部效应的反应

当一个人驾驶车辆、打开室内空调或者使用吹风机时，就会产生温室气体。用经济学的术语解释就是产生了典型的**负外部性**（negative externality）。大部分**成本**（costs）（在这个例子中，成本指的是全球变暖）由很多个体承担，而不是由决定行使多少里程的人独自承担，因为驾驶人享受行动所带来的一切收益，却只承担部分成本。如此一来，温室气体问题就相当于在一个封闭的屋子里抽烟或者是在乡村到处乱扔快餐包装纸。如果我们想有效地让人们减少温室气体的排放，我们就必须要使他们在行动的时候假设他们自己要承担所有成本。要达到这个目的，通常有两种方式：政府制定法令和课税。这两个方案都会被提出来以对付温室气体问题。

1988 年，在多伦多举行的有来自 48 个国家代表参加的讨论如何改变大气层的会议上，大家比较偏向于政府制定法令的方案。这个研讨会提议，到了 2005 年，要强制把二氧化碳排放量降到 1988 年的 80%，而这个方案将使得全球经济产出大幅降低。1997 年在京都召开的气候变迁研讨会上，160 个国家的代表做出了更明确且更适度的决定。整体来说，参与国都同意在 2012 年之前，38 个发达国家应当降低相当于 1990 年 5% 的温室气体排放量，而发展中国家，包括全世界两个人口最多的国家——中国和印度——却不用降低温室气体排放量。[2] 在课税的议题上，一位美国知名政客曾提议：对燃料中排放出的每吨碳水化合物课税 100 美元，如此将提高每吨煤的价格约 70 美元，以及每桶油价 8 美元。

这个提议及其他一些类似方法都可以很明确地减少温室气体的增

---

① 听起来并不多，但是全球气温并不像我们想象的那样容易改变。在 1.8 万年以前的冰川时代（那个时候加拿大和大部分欧洲地区都被冰雪所覆盖），全球平均气温为 51 华氏度，仅比现在的气温低 8 华氏度。

② 这一协议没有得到遵守。事实上，发达国家的温室气体排放量比 1990 年还要多。

168

加，只是要花费相当的成本。因此，我们不禁想问：我们花钱到底会得到什么呢？

生活中的事实

这样说可能让人很惊讶，可是这个问题真的没有明确的答案。我们可以设想一下这个事件的一些真实情况。平均来说，在过去的一个世纪里，温室气体一直在持续增加，全球平均温度也不停地上升，可是几乎所有温度上升都是发生在 1940 年以前，温室气体的增加却是在 1940 年之后。其实在 1940—1970 年，全球平均温度大约下降了 0.5 华氏度。这个下降让一些著名的科学家在 20 世纪 70 年代做出预测：另一个冰河世纪要来了！

在 1975—2000 年，全球气温还在不断上升，并伴随着温室气体的更加集中。同时，太阳黑子和太阳活动也更加频繁，现在的太阳是最近 1 000 年中最亮的。一些科学家认为太阳的频繁活动与全球气温不断上升有关，而这个关联有多大则是讨论的焦点。

让我们暂且做出这样的假设：若能明显减少温室气体的排放，但全球温度升高仍会继续，那么我们会期待什么？答案看上去是一个"好消息，坏消息"的故事。

好消息，坏消息

坏消息是：海平面可能会上升 1 英尺至 3 英尺，而且会淹没目前世界上大部分海岸；降雨量锐减，农业将会在很大程度上依赖灌溉技术；平均温度的提高将促进冷气的广泛使用，所以，需要更多能量的消耗；在南部低纬度区域中，酷热将不利于人类居住。

好消息是：应对这种变化的科技已取得相当的成就，而且花费也不高——当然这是以百亿美元为单位来衡量的。此外，很多对于个人来说的重大威胁，就整个社会来说，成本却较低。例如，平均温度的提高虽然给南方的农民带来了灾害，但在北方，稍微上升的温度能带来意外的收获，因为这样在南方就可以全年耕作了。同样地，因为海平面上升而导致的海岸线减少，只是把海岸线迁徙到内陆而已——目前海岸线的拥有者会受到伤害，但对内陆的居民是有利的。[①]

当然，这些改变是需要成本的，而且对于全球气候变暖会如何影响人类以外的其他物种，我们都还不甚明了。据估计，热带森林只能以每世纪60英里的速度来"迁徙"，这与预期的温度提高的速度相比简直太慢了。同样地，海平面上升预计会淹没目前所有海岸湿地的30%～70%。无论新的海岸湿地会不会沿着新的海岸线重新发展，也无论目前栖息在这些湿地上的物种会受到何种影响，我们还是没办法解决这些问题。

然而，地球气候变暖这件事的不确定性显示了：之前所有提议的解决方式，例如在京都研讨会所提出的关于如何降低全球二氧化碳排放的方案，似乎太多和太早了。的确，美国国家科学院建议我们在行事之前要先学习，因为谨慎是明智的，也因为在降低温室气体排放议题上，没有将中国和印度等发展中国家考虑在内，因此会造成发达国家沉重的成本负担。结果可能是：在降低全球温室气体的工作上，只有一些成效或根本没有成效。忽略这些建议而匆忙地顺应流行政治来解决复杂的环境议题的态度已经清楚地显示在另外一个环境议题——烟雾中了。

汽油和烟雾

虽然汽油是都市空气中碳水化合物的主要来源，可这与烟雾形成的直接关系一直在下降，因为新型车比以前的汽车干净多了。在20世纪70年代，汽车每行驶1英里大约排放9克碳水化合物；在1995年，对于汽车排放废气的控制使得这个数字降低到每英里大约1.5克。每避免1吨碳水化合物的产生，估计就要花费1 000美元——许多专家相信，这个成本比洁净空气所得到的效益少多了。虽然空气质量改进了，可是在主要城市中，烟雾仍然是个大问题。在1995年，一项联邦法令在美国9个烟雾最严重的城市（包括纽约、芝加哥和洛杉矶等）开始生效。要达到该项法令的标准，则意味着每加仑汽油必须负担0.06美元的成本。因此，每消除1吨碳水化合物就要花费10 000美元——这是之前消除95%碳水化合物成本的10倍。

在过去的15年中，环境保护局（EPA）出台的新配方汽油（RFG）

---

① 海岸线迁徙到内陆会对内陆地区造成净损失，同时也是净经济损失；但是，相对于价值更大的海域来讲，内陆损失是很少的。

的规定增加了汽油成本，并且产生了预想不到的后果。例如，最初只有添加了乙醇或丁基乙醚（MTBE）的汽油才符合新配方汽油的标准。由于乙醇的成本将使油价上升很多，汽油提炼商被迫使用丁基乙醚。但是丁基乙醚中含有地下水，而且可能有致癌物质，因此，无论丁基乙醚对提高空气质量多么有用，它的负面作用危害性仍然很大，因而许多州政府禁止使用丁基乙醚。环境保护局因此允许汽油提炼商为了满足新配方汽油的标准采取更大的灵活性。

总之，环境保护局对新配方汽油的规定使得整个美国形成了不同的标准，就像是用很多小布头做成的小花被：一些空气质量不好的城市必须使用一种汽油，而空气质量好的城市可以使用多种汽油。更严重的是，由于在美国境内出现双重标准，汽油的供给因此经常出现**短缺**（shortages）现象。事实上，这也是中西部的主要大都市（如密尔沃基和芝加哥）每次汽油供给小幅短缺，油价就会上涨的原因。

就整体而言，环境保护局的新配方汽油规定的成本是巨大的，甚至环境保护局从来没有证实新配方汽油对于空气质量标准是必要的。新配方汽油的潜在收益相对于其成本是微小的，我们仍被困在环境保护局的规定内，因为没有政客愿意被指控爱好烟雾。

减少气体排放

大气层中堆积的温室气体无疑在增加，而人类的活动是造成这种情况的主要因素，结果可能会造成全球平均温度很快升高。如果全球平均温度真的大幅提高，成本就会变大，但结果还算是能够控制的。我们已经知道了问题的本质，个人行为也许无法产生社会的最佳产量，所以，政府行动（如环保法令或税收）的潜在收益是巨大的。但关键词是"潜在"，即无论政府行动的初衷多么美好，都不能保证其产生的收益一定大于成本。当我们忙着为与温室气体有关的问题寻找答案时，我们必须确信：采取行动的结果绝不应比一开始讨论问题时估计的更糟。如果我们忽略了这一点，那么温室经济学将变成糟糕经济学，而且政策也会变成不好的政策。

讨论题

1. 为什么个人层面的自愿行动在降低二氧化碳等温室气体的事情

上不太可能取得显著成效？

2. 如果一个国家排放的二氧化碳对其他国家产生了负面影响，那么这个事实有可能把二氧化碳的排放量降到最佳水平吗？如果把所有成本和收益都集中在一个国家内，那么问题是不是更容易解决？如果把它们集中在一个电梯或办公室中呢？

3. 对于温室气体所提出的政策几乎必然会牵扯对排放量的限制，而非对排放量进行课税，你能否解释为什么是限制而不是课税的方式更可能被采用？

4. 若要制造一个人工湿地，每英亩湿地则大概要付出 10 万美元的成本。根据湿地可能的价值，评价这个数字是否合理。

5. 假设美国决定通过对二氧化碳的排放征税来限制二氧化碳的排放。税收应该为多大呢？

6. 人类导致的（即人为的）二氧化碳排放量只占每年总二氧化碳排放量的 3%（海洋才是最大的排放者），但为什么这么多的关注都集中在二氧化碳的人为排放上？

第 *27* 章　醉人的乙醇

亨利·福特（Henry Ford）于 1896 年制造了第一款靠纯乙醇运行的汽车。如果国会能为其开绿灯，则未来的汽车可能都会以同样的方式被建造。但是形成于 19 世纪后期的良好经济因素未必适用于 21 世纪开始的几年——尽管它确实会带来好的政治学。的确，乙醇的故事是一个经典例子，它很好地说明了好的政治学如何经常战胜好的经济学，继而产生糟糕的政策。

乙醇法令和补贴

就像月光威士忌出产于阿巴拉契亚山脉一样，乙醇主要出产于美国中西部。先将玉米和水混合搅拌粉碎，在酶的分解作用下将其转化成糖，再加入酵母并加热促使其发酵。此后经过蒸馏提取，液体部分就是乙醇，剩下的固体部分则是一种很好的高蛋白质含量的动物饲料（酒糟）。纯度很高的乙醇极易燃烧，但其单位释放的能量远远低于汽油。尽管乙醇的能效如此低下，但美国联邦法案仍然要求在汽油中添加乙醇，并在 2022 年前逐年增加用量。这项要求旨在保护资源、改善环境，事实上却是竹篮打水。此项法案的实施只不过使美国种植玉米的农民和乙醇业者的腰包鼓了点，顺便使巴西的甘蔗种植者受益。

美国联邦法案对这项所谓的燃料替代方案实行鼓励政策和发放补贴已经有 30 多年的历史了。但是直到 2005 年，乙醇才真正地被在全国推广使用。《能源政策法案》（Energy Policy Act）的颁布、汽油价格的急剧上升及每加仑乙醇 51 美分的补贴，大大促进了乙醇的生产。到 2006 年，乙醇提纯工业在中西部地区如雨后春笋般遍地开花，而且进口自巴西的乙醇数量也达到了创纪录的程度。

乙醇的假想优点

对于美国联邦政府要求在汽油中添加乙醇并给予补贴的做法，可以通过三种观点来判断其是否恰当。支持使用乙醇的第一个观点是，在汽油中添加乙醇可以降低空气污染，因此会带来环境改善的好处。这一点在 15 年或 20 年前也许的确如此，但即使环境保护局也承认，与其他一些可以制造新配方汽油的现代方法相比，乙醇并无多少环境方面的优势。因此，无论是国会的强制添加乙醇命令还是对添加乙醇给予每加仑 51 美分的补贴，都无法从环境保护方面获得支持。

支持使用乙醇的第二个观点是认为乙醇是"可再生"的，一块土地今年种植了用于提取乙醇的玉米，明年还可以重新种植更多玉米。这一点的确如此，但是我们在下个世纪都不必担心用光那些"不可再生"的原油。的确，已探明的石油储量已经达到创纪录的新高。更确切地说，乙醇的生产会消耗大量矿物燃料和其他资源，所以在大多数情况下，生产乙醇总体上比生产汽油更浪费资源。这是因为，作为一种能量来源，乙醇比汽油的能效大约低 25％。更重要的是，在美国用于生产乙醇的玉米的**机会成本**（opportunity cost）太高了：如果不用这些玉米来生产燃料，那么它们还可以被用来作为人的食物和牲畜的饲料。此外，由于较小规模的工厂生产乙醇才会有较高的生产效率，因此它必须通过卡车或火车运输，而这比用管道运输汽油的成本要高得多。

支持使用乙醇的第三个观点是，它使得我们对进口汽油的依赖程度有所降低。原则上来说，这种观点是正确的，但其效果实在是太有限了，其最可能的结果并不一定是我们所希望看到的。美国对**生物燃料**（biofuels）的全部使用总量不及汽油用量的 3％。如果用以玉米为原料提取的乙醇代替从波斯湾进口的石油，那么全国的土地中至少要有 50％用于种植玉米以换取生物燃料。此外，石油进口量的减少很可能不一定来自波斯湾，加拿大和墨西哥才是美国最大的原油供应商，这两个国家几乎所有的出口商品都销往美国。

环境政策的政治经济学

上述情况提出了一个有趣的问题：如果乙醇燃料并没有起到保护环

境、节约资源的作用，或是不能对外交政策有任何益处，那么为什么还要强令使用乙醇并为其生产给予补贴呢？答案在于**政治经济学**（political economy）（运用经济学分析和研究政治决策的前因后果）的核心。政府的关键职能，如提供国防力量及执法力量等，的确是为国民财富的创造和积累提供必要的制度结构保障。然而，大多数政府政策的制定在本质上并不会使经济体这个蛋糕变得更大。许多政府政策都倾向于按照新的方式分切蛋糕，这样常常会使得一个集团获得更多的资源，其代价则由另一个集团支付。要想做好这件事，政客们必须掌握一些技巧，将某项政策的好处集中于一小部分对自己有利的人，而将政策实施的成本在广大非利益相关者中分摊。

这种方式看起来似乎有悖于民主的本质。毕竟，在"一人一票"的基本原则下，某项政策的实施似乎应该尽量地使广大选民受益（以便获取大量心存感激的受益者的选票），而将成本集中由少数人支付（因此只会失掉这一小部分选民的选票）。**理性无知**（rational ignorance）这个概念会让我们看清真实的情况是怎样的。对于选民个人来说，时刻了解他们所选举出来的代表们的决策是如何影响他们的生活是有代价的。当某项政治决策的后果影响力大到足以超过其**监管成本**（monitoring costs）时，选民们会很迅速并肯定地表达其赞成或反对的态度，无论是在选举投票站还是为竞选活动贡献力量方面都是如此。相反，当某项政策的结果对个人来说影响微乎其微而不足以抵偿监管成本时，他们就会理智地不再为此费心去了解某项政策的后果了，即他们会保持"理性无知"。

乙醇案例中的胜利者和失败者

在乙醇这个案例中，所有用于燃料的酒精中大约有 1/5 是一家名为阿彻·丹尼尔斯·米德兰（Archer Daniels Midland，以下简称 ADM）的公司生产的。很显然，乙醇价格的微小变化对 ADM 公司来说都是至关重要的。由于美国联邦政府要求使用乙醇并对乙醇生产给予补贴，这使得 ADM 公司的盈利前景大大增加，因此 ADM 公司会有很强的激励去让国会议员了解这类政策（对 ADM 公司）的好处。类似地，种植玉米的农民主要从销售玉米中获得收入，强制使用乙醇的美国联邦法案增加了对玉米的需求，进而提高了玉米的价格。由此带来的好处主要集中于种植玉米的农民，因此他们每个人都有很强的激励去确保国会议员了解这项政策（对农民）的好处。

这项政策涉及的另一类经济主体是普通纳税人或汽油消费者。美国联邦政府每年对乙醇发放的补贴大约有 30 亿美元，这些钱毫无疑问地要从普通纳税人的口袋中掏取。然而将这些钱在数千万纳税人之间分摊，每人分摊的数量就会很少。类似地，据估测，强制使用乙醇会使每加仑汽油的成本上涨 8 美分，对于普通汽车驾驶者来说，每年多支付的油费并不超过 50 美元，所以，无论是纳税人还是机动车驾驶人都不愿意花很多时间和精力去向国会议员游说和抱怨。

因此，只有农民和乙醇生产商才会真正理性地去大力游说国会议员，以促成强制使用乙醇并给乙醇生产发放补贴的政策，而此时普通纳税人和汽油消费者则只能接受自己的钱包被"抢劫"了。它可能导致不好的经济学和令人讨厌的环境政策，但它是典型的政治学。

讨论题

1. 巴西乙醇生产商（从甘蔗中提取乙醇）的生产成本要比美国低。事实上，即使将乙醇从巴西运往美国要花费每加仑 16 美分的运输成本，而且美国还会对每加仑进口乙醇征收近 60 美分的**进口关税**（import tariff），美国每年仍然要从巴西进口大约数百万加仑的乙醇。如果国会真的希望保护环境并减少对外国进口原油的依赖，那为什么还要对乙醇征收高额的进口关税呢？

2. 假设美国将来从巴西进口乙醇的数量急剧上升，预测一下这种情况对进口关税征收总额会有什么影响。

3. 为什么你会认为美国联邦政府只会对肥沃土地的所有者给予特别关注，而不会对汽车维修工给予特别关注？

4. 用理性无知的理论解释为什么对乙醇的补贴只是每加仑 51 美分，而不是每加仑 5 美元？

5. 环境保护局同意在混合燃料中使用最多为 15% 的乙醇。如果使用这种"E15"的燃料，2007 年以前制造的汽车则会有引擎严重受损的风险。如果这样的损失发生了，那么谁会为它们买单？

6. 为什么产品的外国生产者经常会成为特殊税，比如对进口的乙醇征税的课税对象？

第 *28* 章　收垃圾的来了！

　　垃圾真的有所不同吗？在回答这个问题之前，让我们先想象一种假设的情况。假设有座城市答应提供给居民所有他们想吃的食物，用他们想要的方式调理好并有专人送到家里，然后收取一笔固定不变、跟他们所食用的量和方式完全无关的月费，那么这个城市的食物供应系统可能出现什么问题？最可能的情况是：居民会越吃越多，他们也会开始吃龙虾、腓力牛排，而不是鱼骨和汉堡，因为向他们所收取的价格跟所选择的食物完全无关。很快地，这个城市的食品预算就会变成天文数字，不管是月费还是税收都会大幅提高。

　　其他社区的人也会开始搬迁（或者至少来旅游）到这个城市，只是为了享受这种超级服务。在很短的时间内，这个城市就会面临食物危机，在努力应付快速暴增的食物时，人们发现都市预算根本无法承受这种财政负担。

　　如果这个故事让你觉得很愚蠢，那么只要把"食物供应"改成"垃圾收集"，以上描述的方法就是美国大多数都市垃圾收集运作的方式。在 20 世纪 90 年代初期，美国开始出现垃圾危机，包括过度倾倒、土地不足、无人认领垃圾艇、饮用水井遭到垃圾污染等。这种明显的垃圾危机以目前存在的方式来看，跟之前描述的食物危机没什么两样。问题并不是几乎没有人要垃圾，也不是垃圾会危害环境，甚至不是我们有太多垃圾了，而是：（1）通常我们会给可以产生垃圾的商品制定价格，但不会给垃圾制定价格；（2）参与者会做不实的、夸大的宣传以使得事情看起来比原本更糟。

美国的垃圾

　　先说重要的。美国每年产生大量的垃圾——大约 2.5 亿吨家庭和商业固体垃圾，相当于每个人产生 1 600 磅，需要燃烧、填埋或回收。这些垃圾中有 31％ 是纸，而庭院垃圾，如整理花园清理出来的垃圾占了 13％。塑料占了需要掩埋的垃圾的 20％，但是因为塑料相当轻，因此只占全部重量的 12％。超过 8 000 万吨垃圾需要被回收。

掩埋场是大部分垃圾的最后归宿，虽然在很多地区尤其是美国东北部采用焚化方式，只是因为这个地区的土地价值较高。而对于现在（或最后可能会）居住在这些地区附近的人来说，这两种方式都非常令人讨厌，尤其是"只要别在我家后院就好"的态度流行全国之时。美国联邦政府、州政府和地方政府的规定使得兴建新的垃圾处理设施更加困难，甚至连保持旧设施的运作都成问题。要兴建一座现代的、100 英亩的垃圾处理场，估计要花 7 000 万美元或更多。而在某些州，新建垃圾处理设施的过程要长达 7 年之久。

同时，环境保护的呼声也使得全国许多垃圾处理场关闭，同时还阻碍了其他一些设施的运作。20 世纪 90 年代早期以前，除了 5 个州以外，其他州都开始将垃圾倒到别的州去。现在，美国东北部人口稠密地区的垃圾都倒到别人家的后院去了；新泽西州将垃圾海运到其他 10 个州；纽约州则使其他 13 个州的垃圾处理场人员十分忙碌。美国全国人民都在纳闷：接下来的垃圾要倒到哪里去呢？

原本不存在的危机

虽然美国城市因为没有办法明确地给垃圾制定价格而导致产生这么多的垃圾，但从垃圾危机的表现来看，很多时候信息都是错误的。1987 年，垃圾第一次登上新闻的头条。当时有艘装运垃圾的名为莫柏罗号（Mobro）的驳船，满载纽约的垃圾往南航行却找不到可以让它停下来倾倒垃圾的地方。事情演变成这样，主要是因为这艘驳船的运营者在航行后想修改他的垃圾处理契约，结果在行程中当他尝试利用无线电交涉倾倒地点时，垃圾处理场的人员却误以为他载运的是有毒物质而不是普通垃圾。当民众愤怒地要求这艘船驶回纽约时，很多人以为这艘船找不到地方倾倒垃圾，而实际上是由于驳船运营者缺乏合理的计划。这个概念又被环保团体、垃圾管理公司和环境保护局的奇怪组合强化了。

环境保护基金会（Environmental Defense Fund）当时想要推动回收运动，而莫柏罗号则给了它所需要的动力。就如同这个基金会里的一个官员所说的："一家广告公司所能设计出的最好的广告工具就是一艘垃圾船。"同时，许多有远见的废弃物处理公司已经开始掩埋垃圾，并利用新科技来增加处理设施有效运作的最大空间了。处理废弃物的商业团体为了获得稳固的契约，开始散播一条信息：美国已经没有垃圾场可用了。得知这个消息的州政府和地方官员很快就付出高价来兴建新的垃圾处理场，同时环境保护团体也在研究垃圾问题，却没有考虑政策可以使得掩埋场的有效面积变成四倍的情况。因此，环境保护局只是清点全国的掩埋场，然后报告结果：掩埋场在数目上变少了。这实际上并没有错，但环境保护局没有报告的是：由于掩埋场规模变大的速度比关闭的速度快很多，整体可用的处理空间是快速增长而不是缩减的。

垃圾回收

有一段时间，大家以为回收能够解决一直增长的垃圾问题。例如，1987 年旧报纸每吨可卖到 100 美元（以 2015 年的美元计价），很多市政当局误以为解决财务困难和垃圾问题的办法已经找到。当更多社区开始将强制回收法令付诸实践时，回收垃圾的价格便开始下跌。在接下来的 5 年里，有一半以上的州的 3 500 个社区开始了人行道旁的回收行动，而旧报纸供给的增加也意味着这些社区必须很快付钱才能让这些东西被搬走。对玻璃而言，事情也是一样：使用后的材料的市场价值仍低于进行收集和分类的费用。很多州借此要求当地报社使用回收的报纸来应对旧报纸增加的问题。由于这些强制法令，报纸的回收率在过去的 20 年内增加了两倍。许多专家认为现在 70% 的回收率已经达到了极限。

同样地，回收引发了一些早期匆忙接受此概念时被忽略的重要议题。例如，从旧报纸中产生的 100 吨去墨水纤维制造了 40 吨必须想办法处理掉的淤泥。尽管原材料的总量减少了，但剩下的浓缩量要花更多的钱才能进行适当处理。同样地，废纸回收似乎无法拯救树木，因为大多数首次报纸用的纸都取自专门为生产这种纸而种植的树林，并将其像庄稼一样收获。如果回收量增加了，就不需要多栽这种树了。在 A. 克拉克·怀斯曼（A. Clark Wiseman）对于未来资源所做的研究中，他得出了这样的结论："报纸的回收对森林资源的保护功效可能会比较小。"而且，大多数首次报纸使用的纸产于使用清洁的水力发电的加拿大，而美国的报纸制造者（回收物质的主要顾客）则经常使用煤等高污染能

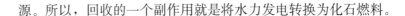

源。所以，回收的一个副作用就是将水力发电转换为化石燃料。

产品禁令

一些分析家认为，我们应该禁止使用某些产品。例如，保丽龙杯就比较令人讨厌，因为它们在掩埋场所占的位置比热饮纸杯还多，而且聚苯乙烯也会永远留在那里。可是加拿大不列颠哥伦比亚省维多利亚大学的马丁·B. 霍金（Martin B. Hocking）教授的被广泛引用的一份研究表明：纸杯制造业跟保丽龙杯的制造业比起来多消耗了 36 倍的电量，并多产生了 580 倍的废水。另外，纸杯在地底分解时会释放出甲烷——一种会增加环境温度的温室气体。

类似的产品还有纸尿布，它因为一周的丢弃量可以产生 22.2 磅的废弃物（可重复使用的布尿布才产生 4 盎司）而遭到抨击。由于纸尿布已经占到全国固体垃圾的 2%，大家似乎应该改用可重复使用的布尿布。但是可重复使用的布尿布跟纸尿布比起来，会多消耗 3 倍的英国热能单位（BTU）的能量和产生 10 多倍的污水。似乎现在我们讨论到"好"的时候所考虑的取舍关系与讨论到"坏"（如垃圾）的时候是一样的。

政府规定

政府对垃圾事业的规定越多，就会让情况变得越糟，这种观点可由新泽西州和宾夕法尼亚州的故事来证明。许多年前，为了阻止犯罪组织插手垃圾的价格，新泽西州决定将垃圾的拖吊和处理都设为公共事业。一旦政客插手垃圾事业，政治就几乎可以将垃圾事业彻底摧毁。根据宾夕法尼亚大学教授保罗·克莱因多弗尔（Paul Kleindorfer）的说法，要通过垃圾处理费用如何由使用者负担的法案时，政治上的对立让掩埋场的投资行动都停止了。1972 年，在新泽西州有 331 个掩埋场在运营，到了 1991 年只剩下 50 个，因为州政府支付给掩埋场运营者的费用根本无法涵盖一直上涨的运营成本，现在新泽西州有一半的固体废弃物都倾倒在临近的宾夕法尼亚州。

宾夕法尼亚州的情况与新泽西州则形成了鲜明对比：宾夕法尼亚州

政府并不去干涉社区和掩埋场、焚化业者之间所做的协定，这些都由市场来决定。举例来说，就算政府不插手，在宾夕法尼亚州处理掩埋场的垃圾费用也低于全国平均水平，这种现象是由垃圾处理厂之间的竞争导致的。市场似乎提供了正确的激励：最近一年，宾夕法尼亚州有 31 个新设掩埋场的申请案等着被通过，可是新泽西州只有 2 个。而新泽西州对使用垃圾船把垃圾运到密歇根州、伊利诺伊州、密苏里州及亚拉巴马州支付的费用是全国最高的！

市场的解决方案

最终，在讨论垃圾的时候，有两个问题必须解决：第一，制造了垃圾之后要怎样处理它？第二，要如何减少垃圾的产量？正如宾夕法尼亚州和全国其他地区的例子暗示的那样，市场机制可以回答这两个问题。事实上，由于全国很多地区的人口密度较高且土地昂贵，所以能够制造出大量垃圾，而由地方政府来处理这些垃圾又很贵。相对地，某些地区几乎没有居民在制造垃圾，这些地区的土地取得成本较便宜，而且空旷的空间使得焚化所产生的空气污染最小。

看起来最明智的做法似乎是：让制造出最多垃圾的州将垃圾载运到最能有效处理它的州去——这当然要付费。这种做法已经在某种程度上开始了，那些接收州的城镇居民却担心（一点都无须惊讶）他们最后可能会变成全国的垃圾首都。但是接收来自新泽西州垃圾的威斯康星州声明：不需要把垃圾问题拿来烦扰邻近地区就可解决的做法是可行的。威斯康星州的掩埋场经营者现在需要把地下水位的监测报告送给邻近地区，而且在掩埋场关闭之后要继续维护 40 年。掩埋场经营者还需要保证居住在掩埋场附近的人的家庭质量以获得附近居民的认可，在某些情况下，还得买下房屋来平息附近居民的抱怨。这些措施都会提高掩埋场的运营费用，可是只要顾客愿意付钱而附近居民对于保护措施也满意，其到目前为止的成果还是很难被否定的，因为它似乎令人相当满意。

有些人还是会说：将一个社区的垃圾倒到其他地方总是不对的。反过来思考：阻止一些社区接收垃圾——如果这是他们想要的——的做法对吗？考虑一下俄勒冈州吉利厄姆郡（大约有 1 947 人）的例子，他们想要接收西雅图的垃圾甚至到了不许州政府对外来的垃圾课税的程度。西雅图利用吉利厄姆郡的掩埋场来掩埋垃圾，给这个小郡带来了一年

100 万美元的生意，这些钱的 1/4 就可以为郡上最大的学校提供足够
财源。

垃圾排放量

为了应对付钱处理垃圾的情况，西雅图势必要减少居民制造出来的
垃圾量，而其解决方式就是根据其制造的垃圾量对屋主收费。因此，对
每个 32 加仑垃圾桶的垃圾收费是每周 31.05 美元；将庭院杂物分开成
堆的费用为每个月 6.5 美元；而纸张、玻璃和金属等可以回收的垃圾运
输则不收费。收费方法开始实施一年后，可掩埋的垃圾总吨数下降了
22%，自愿回收的废弃物从 24% 上升到 36%——这个比率比全国平均
水平高出 3 倍。"西雅图踩踩"（把更多垃圾踩进垃圾袋里）现在变成了
每天的运动方式，而且西雅图要运出与吉利厄姆郡约定的足够的垃圾量
一直都存在问题。

在弗吉尼亚州的夏洛茨维尔镇有一个与西雅图模式类似的方案。几
年前，这个拥有 4 万人的大学城开始实施在人行道旁向每 32 加仑一袋
或一桶的垃圾收费 0.8 美元的政策。新政策的实施结果是人们对垃圾价
格的反应与对其他物品价格的反应是相同的：当一项活动变得更昂贵
时，使用它的人就少了。事实上，在控制了一些因素之后，引进这种单
位索价的政策的确减少了 37% 的垃圾量。

但是所有垃圾要倒去哪里呢？答案是哪里都不去！因为很多居民开
始练习"西雅图踩踩"，垃圾袋的数量变少了。正因为如此，夏洛茨维
尔镇的垃圾总重量在实施单位索价政策后也减少了 14%。这些数据没
有一项能够显示垃圾的制造量降低了，因为很多人采取半夜倾倒的做
法，即把自己制造的垃圾在深夜倒进商业公共倾倒区或者邻居的垃圾桶
里。这种行为类似于 20 世纪 70 年代当油价飙涨到每加仑 3 美元时，偷
汽油风气就开始盛行了。但是就像将油嘴上锁以杜绝大部分汽油偷窃一
样，未来也许会有一个防止半夜倾倒的简单方法。曾详细研究过夏洛茨
维尔镇计划的经济学者建议：财产税和月规费可以用来支付每户每周每
袋垃圾的成本。根据这些估计，对每袋垃圾提供津贴可以制止所有个人
住房的半夜倾倒和几乎一半的家庭（假设三口之家）倾倒，这个方案还
可以维持垃圾收费政策的大部分优点。

这项结论正在全国慢慢地展现：垃圾跟我们生产过程中消耗的其他

事物真的没什么不同。只要收集垃圾的人有薪水可领，他就会来；而且只要我们对他的服务付费，他的负担就在可以承受的范围内。

讨论题

1. 回收瓶罐的定价如何影响人们回收这些产品的动机？

2. 为什么有很多社区要强制回收垃圾？有没有可能诱导而不是强制人们多回收一点垃圾？

3. 每桶垃圾的高收集费用如何影响人们对产品的消费选择？

4. 如果一个社区计划对收集垃圾收费考虑以下方式：（1）每桶收取固定的价钱；（2）每磅收取固定的价钱；（3）不论垃圾量多少，每个月收取固定的费用。以上每一选项将如何影响垃圾的数量和种类？哪一种方式会增加垃圾压紧器的使用？哪一个选项会产生最多的垃圾？

5. 一国内的州际垃圾贸易与州际其他产品贸易有着怎样的不同？

6. 在美国，多数州的人口集中在州的中部。你认为每个州的多数垃圾掩埋场应该位于该州的什么位置？

第七篇

国际贸易和经济繁荣

第 *29* 章　巨无霸的经济学

在 1975 年巨无霸的广告顺口溜中，首次提出了在一个芝麻粒面包上将两个牛肉饼和调味料混合可能非常美味的概念。世界最著名的怪物汉堡诞生在宾夕法尼亚州的尤宁敦，由加盟商吉姆（Jim）在 1967 年 8 月创造。吉姆的家庭从公司成立初期就经营麦当劳餐厅，现在已经拥有 18 家麦当劳餐厅。他们甚至在汉堡的诞生地开了一家巨无霸博物馆餐厅。一个巨无霸包含 29 克脂肪，或者说是一盎司多一点的动脉堵塞物质。但我们在这里并不是要攻击巨无霸，而是希望看到经济学家是如何利用这个标准化产品来衡量世界各国的生活成本和实际收入水平的。

一些人贫穷，一些人富有，许多人位于其间

很明显，欧洲、美国或加拿大的人均收入要高于中国和印度。但难预测的是，一个国家的居民比另一个国家的居民富裕多少。如果我们想做这样的估计，就必须要克服一些干扰。我们来看一个国家通货的问题。例如在美国，我们也许想用美元来进行收入的比较。但美元不是中国、印度或其他国家的通货，所以我们一定要从一种通货转入另一种通货。

外汇汇率

在一个国家旅游需要用这个国家的货币进行支付。如果你去欧洲，在 19 个国家，你都可以用欧元购买商品。如果你去印度，那么你要付

卢比。如果你去俄罗斯，你则要使用卢布。

所以，为了比较俄罗斯人的平均卢布收入和美国人的平均美元收入，我们每天都会从**外汇**（foreign exchange）或国家货币的全球市场获得一个转换数据。你可能发现用 50 卢布可以购买 1 美元，或者你可能发现需要用 60 卢比购买 1 美元。所以，作为第一个近似值，这意味着要比较全世界的收入，就需要掌握一些简单的算术。我们可以通过外汇**汇率**（foreign exchange rate）表——在很多网站中都可以找到，把其他国家的收入转换为美元。

例如，假设汇率是 1 欧元兑换 1.2 美元，如果法国的人均收入是 30 000 欧元，我们用这个数字乘上汇率，那么法国的人均收入就是 36 000 美元。

当我们做这种计算的时候，我们发现在同一个汇率的基础上，美国人的平均富裕程度超过印度人 35 倍，超过中国人 8 倍，超过俄罗斯人 4 倍。

使用市场汇率带来的问题

外汇汇率取决于供求函数，但货币的供求最终来自（或取决于）**贸易商品**（traded goods）和服务的供求。贸易商品和服务是跨越国境交易的，贸易商品和服务的一些例子有酒、汽车、小麦和鞋。如果所有的贸易商品和服务都被交易且交易未被干扰，那么汇率会让我们完美地比较世界各地的收入。

但是也有复杂性：并非我们消费的所有商品和服务都是贸易商品和服务。**非贸易商品**（non-traded goods）和服务包括房屋、理发、清扫房屋服务和园林美化等。非贸易商品和服务不会跨境交易。

非贸易商品和服务的存在表明，如果我们使用汇率进行国际比较，偏差就会产生。这是因为在更穷的国家，工资很低，所以非贸易商品和服务（由低成本的劳动力制造）可能是最便宜的。也就是说，在低收入国家，我们能看到饭店用餐、美容沙龙服务和清扫房间比高收入国家的同样项目便宜得多。因此，如果我们使用当前汇率——建立在贸易商品和服务的基础上——把收入转换成一种共同货币，在低工资国家和高工资国家人均收入的差别就会被夸大。

你会在报纸上经常看到一个发展中国家的人均收入，比如说，1 年

1 000 美元。这个数字来源于当前的外汇汇率，它并未考虑这个国家的居民会多便宜地购买不在国际市场上交易的基本食品和服务。

购买力平价——一个解决办法？

不管怎样，我们得调整当前汇率来解释跨国的实际生活成本的差异。为了这么做，我们可能会使用一个**购买力平价**（purchasing power parity）的概念，它创造了一种调整的汇率类型。世界银行和其他组织如何计算针对 200 个国家的不同购买力平价在这里并不重要。重要的是，这种方法为每个国家的相对生活成本纠正市场上的外汇汇率做出了尝试。所以，在一个购买力平价的基础上——考虑到生活在印度、中国和俄罗斯的低成本——美国人的人均收入仅比印度高 10 倍，比中国高 5 倍，比俄罗斯高 1 倍。

然而，仍然存在着一个很大的问题：每个国家购买能力的调整是很难计算的。每个国家的居民购买商品和服务的组合是不同的，或者，他们购买相似的商品和服务，但在品质上有细微的变化。对于这些措施，不但计算是困难的，而且每个国家对最佳方式也存在争议，从而导致各方在解释生活成本的差异上存在争议。

正是基于此，无所不在的巨无霸证明了它的价值。

巨无霸驰援

一个典型的巨无霸是使用完全相同的成分在全世界生产的，尽管在有些地方由于宗教和文化的原因会替换掉牛肉。巨无霸是根据麦当劳 600 页的手册中详述的统一流程生产的。作为一个标准化产品，巨无霸的当地价格也未被国际运输和物流成本所扭曲。

根据这些事实，从 1986 年以来，《经济学家》（*Economist*）杂志开发出巨无霸指数。仅通过使用一种商品——一个巨无霸——《经济学家》杂志从而创造了一种比较全世界生活成本的方式，也是一种决定了汇率在多大程度上不能解释非贸易商品和服务的方式。

记住生产的方法和各地巨无霸的成分都是一样的，如果我们使用汇率来转换巨无霸的价格，那么我们"应该"能在各地获得一样的价格。

但是使用汇率后，我们计算得到一个巨无霸在瑞士要 6.8 美元，但在美国只要 4.8 美元，这说明 1 美元在瑞士没有那么值钱。也就是说，瑞士的生活成本相对高昂，主要是因为非贸易商品（比如住房）在那里非常昂贵。相似地，我们也发现，在当前汇率下，一个巨无霸在中国要 2.7 美元，美元在那里就很值钱：与美国相比，中国的生活成本很低。这也可能是因为由低工资劳动力制造的非贸易商品在中国很便宜。

我们可以使用巨无霸指数来调整收入，以校正在生活成本上的差异。例如，在最近的一年，使用汇率转换计算的瑞士人均收入大约是 80 000 美元，与之相比，美国的收入大约是 53 000 美元。然而在巨无霸指数的校正下，我们发现瑞士的实际收入只有大约 56 500 美元——仍然要比美国高，但不是高太多。

巨无霸工资、实际工资和幸福

现在考虑构建一个巨无霸工资。假设各地做巨无霸的人才都是一样的，我们能收集全世界巨无霸制作者的工资信息，这会帮助我们比较不同国家雇用这个特殊品质劳动力的成本。如果我们用当地价格去除巨无霸工资，就能够识别出一个工人每小时被支付多少巨无霸等价物。这是**实际工资**（real wage）的一个简单测量方法，也就是根据每个国家生活标准调节的工资率。我们在构建"每小时巨无霸"指标的同时，而不必担心汇率和复杂的购买力平价计算的偏差。

这就是经济学家奥利·阿申费尔特（Orley Ashenfelter）和斯特帕·尤赖达（Stepan Jurajda）所做的。他们发现：在美国，工人大约每小时赚取 2.5 个巨无霸（简称 2.5BMPH）。在日本，工人赚取 3.1BMPH。在加拿大和西欧，工人大约被支付 2.2BMPH。在俄罗斯，工人大约赚取 1.2BMPH，而东欧工人则是 0.8BMPH。在中国的工人赚取大约 0.6BMPH，而在印度只有大约 0.4BMPH。通过使用 BMPH 指数，我们看到生活标准在全世界变化很大，但并非是汇率表明的那样。

生产力的趋势

经济学的一个基本原则是：在竞争性的劳动力市场（也是麦当劳雇

用工人的地方）中，人们是根据他们生产的东西而被支付的。因此，使用上文提到的数据，美国工人在生产力上只比加拿大和西欧工人高10%，但他们的生产力是中国工人的大约 4 倍。

我们也能看到长期的 BMPH 指数变化模式，即生产力和生活标准是如何在全世界演化的。作为一个例子，2000—2007 年，美国的巨无霸工资上升了 13%，而一个巨无霸的价格上升了 21%。这意味着这一时期美国的实际工资下降了大约 8%。在同一时期做同样的计算，中国的生产力进而实际工资上升了 60%，印度上升了超过 50%。很明显，生产力在这两个国家上升显著。

2007—2011 年，实际工资在像美国、加拿大和西欧这样的发达经济体中下降得更快。在多数发展中国家，实际工资在上升，尽管比之前慢得多。这个故事的好消息是发展中国家正在缩小生活差距的标准；坏消息是世界金融危机和它的后果已经减少了全世界的机会，这一变化在未来仍有待观察。

讨论题

1. 假设你要去巴黎旅游。你在当地银行或机场购买欧元。然后，一旦你到了巴黎就开始花欧元。每次你在巴黎买东西，你都把欧元价格换算成美元价格。你可能会经常自言自语："巴黎人怎么会支付这么高的价格？"这个推理有什么错误？（提示：巴黎人收入的是什么货币？）

2. 为什么饭店用餐、理发和花园服务的当地价格不会影响一个国家的汇率？

3. 当使用相同数量的材料和相同的方法在 120 多个国家制作巨无霸时，为什么巨无霸价格用美元表示并不总是一样的？

4. 在发展中国家一个巨无霸的制作者能做什么来获得更高的实际工资？

5. 为什么麦当劳给每个国家的特许经销商提供一个 600 页的手册？（提示：任何授权商能监测特许经销商品质的方式是什么？）

6. 在一个富有的国家，工资不但在贸易商品和服务的部门高，而且在非贸易商品和服务的部门也高，为什么？（提示：有两个分开的劳动力市场还是只有一个？）

第 *30* 章　全球化和美国的财富

对于国际贸易和**全球化**（globalization）来说，过去的 20 年是一个巨变的时期。例如，北美自由贸易协议（NAFTA）极大降低了加拿大、美国和墨西哥居民之间的**贸易壁垒**（trade barriers）。在全球范围内，关税及贸易总协定（GATT）的乌拉圭回合协议被 117 个国家承认，包括美国。在这个协议下，关税及贸易总协定被**世界贸易组织**（World Trade Organization，WTO）取代，世界贸易组织的成员超过了 150 个，在全世界范围削减了关税，降低了农业补贴，延长了专利保护。世界贸易组织建立了一个仲裁委员会来解决贸易争端问题。

许多经济学家认为，北美自由贸易协议和乌拉圭回合协议既是自由贸易和全球化的胜利，也是参与国国民的胜利。然而，许多非经济学家，特别是政客们反对这些协议，所以我们理解关于北美自由贸易协议、乌拉圭回合协议和自由贸易中什么是有益的很重要。

贸易收益

自主性贸易创造新的财富。在自主性贸易中，交易的双方都能获利。他们放弃较少价值的东西以换取较多价值的东西。在这个意义上，交易总是不平等的。但正是交易的不平等本质才是更高生产力和更多财富的源泉。当我们从事交易时，我们放弃的要少于我们得到的——因为如果不是这样，我们就不会交易。我们的贸易伙伴也是如此，这意味着双方的经济状况都得到了改善。

自由贸易鼓励每个人以最具有生产力的方式进行生产和交换。**贸易收益**（gains from trade）是经济学中最基本的思想之一：一个国家通过做它相对于其他国家更擅长的东西而获益，也就是说，通过在**比较优势**（comparative advantage）上的专业化而获益。贸易鼓励个人和国家发展专业化的方式，以便生产更有效率并享受更高的收入。提高的生产力和因此带来的经济增长正是乌拉圭回合协议和北美自由贸易协议的签署国所寻求的，并且正在通过降低贸易壁垒的方式获得。

全球化和反全球化

全球化主要是在国家间的整合程度上不同于自由贸易。例如，尽管在葡萄酒行业存在自由贸易，但在澳大利亚、美国和法国生产的葡萄酒仍分别在它们标签所标明的地理边界单独酿造。而且，每个地区都是一个截然不同的经济实体，比如在法国和美国，葡萄酒的价格是有显著不同的。与此相反，汽车的市场已经变得真正全球化了。如果你在美国购买了一辆"日本"汽车，那么这辆车的组装可能发生在日本、美国甚至墨西哥。车的零部件可能来自更多不同的国家。当你给车的客服打电话时，接线员可能位于任何一个说英语国家的呼叫中心。这样，全球化就意味着国家间的贸易可能像一个国家的州、省或城市之间的贸易一样，毫无缝隙。

尽管有来自交换的巨大收益，全球化还是经常被一些人反对。反对的原因有很多，但基本可以归结为一个话题：如果我们的边界对其他国家完全开放，那么我们国家的一些个人和企业就会面临更多竞争。正如你在第18章所看到的，很多公司和工人都讨厌竞争，谁又能因此而责怪他们呢？毕竟，如果一家公司能免于竞争，利润则肯定会上升。如果工人能够免于其他来源的竞争，他们就能享受更高工资和更多选择工作的机会。所以，很多反对全球化的真正根源是贸易的反对者不喜欢随贸易而来的竞争。但关于这一点也没有什么不道德的，当然也绝无利他或高贵之处。它就是自利、纯粹和简单的。

赫然耸现在反对者脑海中的全球化的一个特点是，它需要对竞争性保持持续警觉。当世界市场完全整合时，竞争者可能随时随地出现——经常来自最想不到的世界的一个角落。因为竞争者可能只需要创建一个网站，第二天就能空运货物，竞争就会迅速出现。这样，当在全球化的经济中运行时，公司和其雇员一定会面临一系列不确定的考验，这在非全球化的模式下是不存在的。注意，这个高度竞争的氛围最终会使我们

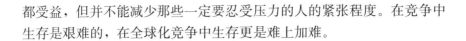

都受益，但并不能减少那些一定要忍受压力的人的紧张程度。在竞争中生存是艰难的，在全球化竞争中生存更是难上加难。

以邻为壑

因为上述原因，反对全球化就不足为奇了。最著名的一个例子是这样的反对导致了 1930 年《斯姆特-霍利关税法》（Smoot-Hawley Tariff Act）的通过。这条联邦条例是一个 **保护主义**（protectionism）的经典例子——以消费者和其他生产者为代价来保护美国生产者的一个小团体。它包括超过 2 万种产品的税收计划，将进口关税提高了 52%。

《斯姆特-霍利关税法》鼓励对世界的其他国家采取以邻为壑的策略。这样的策略代表了以外国经济为代价提振国内经济的企图。在这种情况下，施加关税以不鼓励进口会使得国内的进口竞争行业受益。作为《斯姆特-霍利关税法》核心的以邻为壑策略不久被英国、法国、荷兰和瑞士所采用，结果是全球化的中断和国际贸易的巨额减少，从而加重了 20 世纪 30 年代的世界大萧条。

全球化的反对者有时称以邻为壑策略会通过保护进口竞争行业使美国受益。通常这个说法是不正确的。一些美国人确实受益于这样的策略，但两个大的美国人群体遭受了损失。首先是进口商品的购买者。他们要忍受由关税和进口配额造成的更高的价格与更少的商品及供应商的选择。其次是行业中的公司和雇员。保护主义造成的进口下降也会导致出口的下降，因此损害了这些行业中的公司和雇员。这印证了国际贸易中最基本的观点：在长期，进口是通过出口来支付的。这个观点表明，当一个国家从世界其他国家购买商品和服务时，世界其他国家最终也需要这个国家的商品作为交换。根据这个基本观点，很容易推论：对进口的限制会导致出口的减少。由关税或配额带来的任何进口竞争行业的企业的获益意味着出口行业企业至少有同样多的损失。

倾 销

全球化的反对者会提出许多反对意见来试图限制国际贸易。例如，对于外国公司从事倾销，即在美国以低于成本价销售其商品，第一个问

194

题是：低于谁的成本？很明显，如果外国公司在美国销售，那么它的价格一定要等于或低于美国公司的成本，否则对美国人就没有吸引力。但个人或公司能以更低的成本得到商品是自由贸易的一个益处，而不是缺点。

第二个问题是：怎样解释进口商品的价格低于外国公司的成本呢？可以这样认为：外国公司的拥有者自愿把它们的财富转移给我们，即它们的成本与要我们支付的更低价格的差额。很有可能它们希望这样会让我们试用一种产品，否则我们就不会购买。尽管这种可能性不大，但如果真是这样，我们为什么要拒绝这个礼物呢？因为如果我们接受它，我们就会更加富有。而且，这种优惠只能是短期的，因为如果一个人不希望尽快提高价格获得盈利，以低于成本来销售是没有任何意义的。

用工和环境标准

针对全球化的另一个论点是在国外生产的产品使用了不公正的劳动行为（比如使用童工），或者生产过程不符合美国的环境标准。这样的指控有时是正确的。但我们一定要记得两件事情。第一，尽管我们可能对童工的使用（也许每周工作 64 小时而没有加班费）持反对意见，但这些行为曾经在美国也很普遍。它们过去在美国很盛行的原因与今天在国外盛行的原因一样，即从事这样工作的人太穷了，而没有其他选择。在发展中国家的一些家庭，如果不是全部家庭成员都工作，则难以生存。同样不幸的是，如果我们坚持把我们的态度——部分是因为我们巨大的财富所形成的——强加给财富远少于我们的民族，我们就冒着使他们经济恶化的风险，即使我们认为是在帮助他们。

第二，在环境标准中也可以进行相似解释。[①] 个人和国家为环境质量付费的意愿是由其财富决定的。环境质量是一个**奢侈品**（luxury good），也就是说，富人（像美国人）想要的对它的人均消费远大于穷人。坚持其他国家的人们符合我们可接受的环境标准非常像坚持让他们穿我们穿的衣服，使用我们喜欢的交通方式，消费我们喜欢的食物。多数人由于这一尝试而变得贫穷。

[①]　对于这个观点有一个非常重要的例外。在距我们边界非常近的地方（例如墨西哥或加拿大的边界），由外国产生的空气污染和水污染对美国人造成了伤害，好的公共政策会授权我们像对待境内问题一样对待它。

我们不是认为外国的劳动行为或环境标准与美国人不相关。我们的观点是：获得每一个高标准的代价都是昂贵的，贸易限制不可能是最有效的方式。同样重要的是，用工标准和环境标准经常被提出来，正如烟幕隐藏了真正的动机——驱逐竞争。

贸易壁垒的政治经济学

如果全球化令人受益并且贸易限制通常是有害的这样的观点是正确的，那么我们一定也会提出问题：像《斯姆特-霍利关税法》或其他类似的限制是如何被通过的？正如马克·吐温（Mark Twain）许多年前提到的，自由贸易的支持者赢得讨论而保护主义者赢得选票的理由很简单。外国竞争经常会影响一个狭窄而特定的进口竞争产业，比如纺织、鞋或汽车，这样贸易限制就使得一个狭窄、特定的群体受益。例如，在20世纪80年代，对日本汽车进口的限制主要使三大汽车巨头（通用、福特和克莱斯勒）受益。简单来说，蔗糖进口的长期配额使少数美国蔗糖生产商受益。2002年，当对很多钢铁进口商施加30%的关税后，更少的美国钢铁制造商和它们的员工获益。因为会产生集中的利益，因此当国会投票赞成贸易限制时，会有来自这些行业足够的游说和资金来说服国会议员对进口施加限制。

进口关税造成的最终出口减少通常由所有出口行业分摊。这样，在出口行业没有特定群体的工人、经理或股东感到应该赞助资金来说服国会减少全球化的贸易壁垒。而且，尽管进口竞争商品的消费者由于贸易限制受到损失，他们也通常是一个分散的群体，没有谁会因为某一个进口限制而受到很大影响。正是这种集中的利益和分散的成本同时存在，才导致了马克·吐温的结论，即保护主义者通常会赢得选票。（集中的利益和分散的成本是第22章和第26章在解释一些美国国内政策时的核心。）

当然，保护主义者不会赢得全部选票——毕竟，大约1/6的美国经济建立在国际贸易上。尽管反对全球化的声音来自许多角落，但它对于经济整体的益处如此巨大以至我们完全抛开国际贸易是不可想象的。因此，当我们想到诸如北美自由贸易协议和世界贸易组织的发展时，很显然，经济理论和实证经验表明美国人的境况在全球化之后会变得更好。

讨论题

1. 在 20 世纪 80 年代晚期和 20 世纪 90 年代早期，相对于其他国家的汽车质量，美国汽车生产商极大地提高了它们所生产的汽车质量。你认为这会对美国进口日本汽车、日本进口美国汽车，以及美国出口汽车以外的商品和服务产生什么影响？

2. 在过去的 20 年中，一些日本汽车生产商在美国开设工厂以致它们能在美国生产和销售"日本"汽车。你认为这会对美国进口日本汽车、日本进口美国汽车，以及美国出口汽车以外的商品和服务产生什么影响？

3. 有几年，日本汽车生产商自动限制了它们出口到美国的汽车数量。你认为这对日本进口美国汽车，以及美国出口汽车以外的商品和服务产生什么影响？

4. 直到最近，出口到日本的美国汽车的方向盘都在左边（和在美国一样），即使日本是在道路左侧行驶，所以在日本销售的日本汽车的方向盘是在右边。假设日本在美国销售方向盘在右边的汽车，这可能会对日本汽车在美国的销售产生什么样的影响？你认为美国汽车生产商不愿意把方向盘放在右边对于它们把汽车出口到日本有何影响？

5. 美国政府对美国生产的商用飞机出口给予补贴。你认为这个政策对于美国进口外国商品和美国出口商用飞机以外的产品有何影响？请做出解释。

6. 在问题 5 中，对于补贴，谁承担成本和分享收益？

第 *31* 章　75 万美元的钢铁工人

在偶数年份，特别是在可以被 4 整除的年份，所有派系的政客们都倾向于发表言论：美国的就业机会需要特别的保护以使其免于受到全球化的侵害。我们因此被鼓励去购买美国制造的东西。如果需要进一步的鼓舞，我们则会被告知假如不自愿减少购买进口货物的数目，政府将会对进口货物征收关税（或使其更繁重），或是以进口配额的方式来实际限制进口，目的在于拯救美国的就业机会。

但不像黑犀牛或蓝鲸，美国的就业机会并没有面临灭绝的危机。美国经济里存在着且将永远有无数的潜在就业机会。其中有些工作可能不太令人喜欢，还有些工作可能薪水不高，但是只要有**稀缺性**（scarcity），总会存在某类就业机会。当一个年薪 7.2 万美元的钢铁工人说，应该减少外国钢铁进口来保护他的工作时，他真正的意思是：他要受到免于竞争的保护。这样一来，他可以继续目前的工作并获得高薪，而不用换到工作条件可能比较差或者薪水比较低的其他工作上。这个钢铁工人的目标（好一点的工作条件和多一点的薪水）没有错，但这都跟"保护工作"无关。

贸易的本质

在任何讨论限制自由贸易的结果中，有必要记住两个事实。第一，以出口的获利来支付进口的成本。如果进口的商品和劳务恰好比出口的多，那么在短期内，确实可以出售资产或向外国举债。但我们可出售的资产有限，而且外国人不会愿意永久地等待我们付款。最后，只有在我们提供（出口）商品和劳务给那些我们向其购买商品和劳务（进口）的贸易伙伴时,才能有外汇收入来支付我们的账单,毕竟贸易如同以物易物。第二,主动自愿贸易对每个贸易参与者都有利。如果我们增加了对国际贸易的限制,那么同时也减少了收益,对于贸易伙伴和我们自己都是如此。尽管关税与配额可以保障某些产业免于受到竞争的威胁及获得维持某个工作的机会,但是相对地,也会影响到更多出口产业的工作机会。总体而言,工作机会是减少了。

上述事实对美国来说是正确的,对其他国家也是如此。其他国家也只有在卖出它们自己生产的商品时才会来购买我们的商品,因为它们也需要用出口商品的收益来支付进口的成本。美国的任何通过关税、配额或其他方法对进口的限制,终究会导致出口的减少,因为其他国家将没有钱来购买我们的商品。这暗示着限制进口不可避免地将会减少出口的数量。所以,通过增加贸易限制来保护进口产业的就业机会,其实也会对出口产业的就业产生影响。

对于汽车的保护

限制进口也增加了美国消费者的成本。为了减少来自国外的竞争,配额、关税和其他贸易壁垒提高了外国产品的价格,并让美国制造商提高了它们的售价。也许汽车工业是个最好的例子。

部分是因为进口车的质量高,美国本土的汽车销售量从 1978 年的 900 万辆下降到 1980—1982 年间的平均每年 600 万辆。美国汽车工业的利润暴跌,导致很多汽车制造商损失惨重。美国汽车制造商和工会要求保护它们免于受到进口竞争的威胁。来自汽车制造业的那些州的政客和它们联合起来立法,结果对日本汽车公司(美国厂商最重要的竞争对手)制定了贸易壁垒,规定在美国销售的日本车一年为 168 万辆。这个协定(等于是规定配额,虽然官方说法不是这样)开始于 1981 年 4 月,而且以不同的形式延续到 20 世纪 90 年代。

罗伯特·W. 克兰德尔(Robert W. Crandall)是布鲁金斯研究所(Brookings Institution)的经济学家,他曾经估算过这个自愿贸易限制以较高汽车价格的方式让美国消费者付出了多少成本。根据他的估计,日本汽车供应减少,促使每辆车的价格平均提高了 2 000 美元(以 2011 年的币值计算)。日本进口车的涨价促使美国本土制造商也把价格大幅提高,每辆车平均提高了 800 美元。第一年,两者相加的总额是 80 亿美元。克兰德尔也估算，自愿贸易限制保障了将近 26 000 个与汽车相关工业的就业机会。用 80 亿美元除以 26 000 个工作机会，可以得到汽车工业每年每保护一个工作机会，就转嫁给消费者 30 万美元。而如果不同意实行进口配额，美国消费者每年本可在购买汽车这件事上省下将近 50 亿美元，而进口配额只是带给了每个工作受到保护的工人 10 万美元。

对于其他产业的保护

研究人员对其他产业也进行了同样类型的计算。服装产业的关税在1977—1981 年间被提高了，要保住大约 116 000 名美国服装工人的工作，每年每个工作的成本是 5 万美元。大约在同时，民用波段收音机的生产者也说服政府提高了关税。该产业大约 600 名工人因而保住了工作，每个工作给消费者带来了每年超过 9 万美元的成本。

保护主义的成本在其他产业甚至更高。由于贸易限制，眼镜业以20 万美元的成本保住一个工作机会；航海业则花费 29 万美元保住一个工作机会；钢铁业每年以惊人的 75 万美元保住一个工作机会。如果允许自由贸易，转移到其他地方就业的每位工人每年可以领到一半数目的现金，而消费者也可以省下一大笔钱。

总就业的下降

即便如此，这还不是故事的全部。对于进口产业的研究，除了估算保护一个工作的成本之外，还从来没有尝试去估算这些限制对于出口业者的影响。到底有多少工作机会因为这样的贸易限制而丧失了？就整体而言，这样的限制到底是增加还是减少了整个国家的工作机会？

当美国对进口产业做出某些限制时，我们的贸易伙伴必然会少购买美国制造的商品，因此导致的出口销售额的减少意味着在出口产业中更少的工作机会。就整体而言，减少的工作机会还包括码头工人（负责装卸船货）及卡车司机（负责来回到码头载送货物）等。整个进出口贸易的影响及出口业的衰减，都可能在无形中减少整个国家的工作机会。

几年前，国会试图通过一个有利于本国汽车业的法案。法律要求凡是在美国销售的汽车，都必须有一定比例的零件是在美国生产及组装的。这个法案的提议者认为，这样的法案可以保护美国汽车制造和汽车零部件供应产业的 30 万个工作机会。然而，法案的提议者没有了解该法案对整体贸易及出口业者的影响。美国劳工部的研究报告显示，这项法案会影响更多的出口业者的工作机会，于是国会最后决定取消这项提案。

2002 年，当布什总统决定对钢铁进口征收 30％的关税时，这项政策的负面影响是相当明显且立即显现的。例如，在征收这项关税之前，新奥尔良港的收入有超过 40％依赖于钢铁进口，因为钢铁进港卸货后，船只清洗完后又可以满载美国的货物出口。钢铁进口减少后，严重影响了这个港口的经济活动，美国谷物的出口也减少了，因此，密西西比河上下游的企业与农民都受到负面影响。进一步地，进口钢铁成本的上升造成美国以钢铁为原料的产业的就业机会减少。一项研究估计，钢铁进口关税造成这些产业在 2002 年损失了 20 万个就业机会，这个数字远超过受关税保护的钢铁制造业的就业人口。

真正保护的不可能

基本上，贸易的限制主要是提供经济方面的协助以帮助特定产业进行发展及增加该产业的工作机会。具有讽刺意味的是，从长期来看，所产生的效果却是相反的。世界贸易组织的研究报告指出，当今世界上保护最多的三个产业（纺织原料、服饰及钢铁）经过这么多年的贸易保护之后，它们的工作机会反而减少了，且有些产业的衰退是相当显著的。从纺织原料业来看，在美国的工作机会大约减少了 22％，而在欧盟大约减少了 46％。从服饰业来看，在美国的工作机会减少了 18％，在瑞典则减少了 56％。从钢铁业来看，在加拿大的工作机会减少了 10％，在美国则减少了 54％。简言之，世界贸易组织的研究证明，对于自由贸易的限制并不见得可以保障工作机会，即使是对于那些需要特别保护的产业。

这些证据似乎越来越明显：保护工作的成本在短期内是庞大的。而就长期来说，工作好像不能被保护，特别是在一个人考虑了保护主义的所有方面之后。虽然自由贸易是一个竞争的舞台，但自由贸易似乎也是唯一可以对贸易双方都产生利益的方式。当然，这并不表示政客就会喜欢自由贸易。可以预见的是，我们的社会可能还必须以 75 万美元的代价来"保住"一个工作机会。

讨论题

1. 谁可能从进口贸易限制中受益或受害？

2. 哪些因素会诱导政客实施贸易限制？

3. 如果每年给每位钢铁工人 37.5 万美元比对进口钢铁的限制更划算，那为什么不干脆支付现金而要采取进口限制呢？

4. 大部分美国的进出口货物都通过一些相同的港口。你如何预测来自临海的州所选出来的国会议员对贸易限制法案的态度？你还需要其他什么信息来做预测？

5. 当你去商店购买一台新电脑时，你的真正目的是"进口"一台电脑到你的公寓，还是从你的钱包"出口"现金？这告诉你国际贸易的真正目的是什么——进口还是出口？

6. 美国的一些政策旨在补贴出口，进而提高出口产业的就业。这些政策对于外国产品的进口及进口竞争产业的就业有何影响？

术语表

耕地限制计划（acreage-restriction program）：美国联邦政府对农民种植特定农作物的土地面积进行限制的计划。

逆向选择（adverse selection）："不受欢迎"（高成本或高风险）的产品往往会占据市场并对其他竞争产品产生不利影响的过程，通常由信息不对称引起。

便利性（amenities）：人、产品或地点受人欢迎或有用的特点。

反托拉斯法（antitrust laws）：禁止企业反竞争行为的美国联邦或州立法。这类行为包括勾结、垄断和纵向市场圈定。

资产（assets）：个人或机构合法拥有的全部有形和无形物品。

信息不对称（asymmetric information）：市场中一方参与者比其他参与者拥有更多信息的情况，通常会导致逆向选择。

破产（bankruptcy）：允许个人或企业摆脱部分或全部债务责任的法律状态。

生物燃料（biofuels）：由曾经的生物及其副产品转变而成的燃料。

资本或资本存量（capital，or capital stock）：生产性资产的总和，可结合其他投入（如劳动）来生产产品与服务。

资本收益（capital gains）：在销售资产时产生的价值增值。当资产价值贬值时，称为资本损失。

资本主义体制（capitalist system）：资源主要为私人所有且市场机制在分配这些资源时发挥主导作用的经济体制。

卡特尔（cartel）：为了获取共同利益而达成贸易限制协议的一群独立企业，通常来自不同国家。

大陆法系（civil law system）：由立法机关制定的法律体系，多数司法判决以法律条文为基础，而并非根据先例案件做出裁决。

封闭式获取（closed access）：物品产权的一个要素，确保物品的所有者能够有效防止他人使用该物品。

普通法系（common law system）：根据先例案件做出司法判决的法律体系，而并非由立法机构将法律条文作为多数司法裁决的基础。

公共财产资源（common property resource）：由一群人共同拥有的产品，由于法律或物品本身物理性质的原因而不能将该物品分割开来，由个人单独处置。

比较优势（comparative advantage）：以和他人相比较低的机会成本生产产品的能力。比较优势原则意味着个人、企业和国家会专门生产机会成本最低的产品。

补偿差额（compensating differential）：支付给从事特别危险或令人不快的工作的人员的额外薪酬。

竞争（competition）：产出的买方之间或卖方之间，或投入的买方之间或卖方之间的较量。

互补品（complement）：该产品具有一种特性，其价格的变化会导致另一种产品的需求向相反方向变化。

拥堵（congestion）：对一种资源的过度使用达到了一个人的使用会阻碍其他人使用的程度。

拥堵成本（congestion costs）：公路拥堵造成出行时间延长，使驾车人被迫放弃的选择（由此产生成本）。

固定币值物价水平（constant-dollar price）：考虑到通货膨胀或通货紧缩，根据货币购买力的变化修正的物价。

固定质量物价水平（constant-quality price）：为反映产品的质量高于或低于平均质量水平而上下调整的该产品的价格。

消费（consume）：享用或用尽一种产品或服务的行为。

居民消费价格指数（consumer price index）：一篮子典型消费品相对于基年成本的货币成本量度。

成本（cost）：放弃了的价值最高的（最好的）选择，即当做出选择时牺牲的最有价值的选项。

需求（demand）：购买产品的意愿和能力。

需求曲线（demand curve）：用曲线形式表现的需求情况——说明价格与需求量的负相关关系的负斜率曲线。

贴现率（discount rate）：货币的时间价值，通常用每年百分之几来表示。

可支配收入（disposable income）：消费者缴纳了直接税（如所得税）之后可以花费的最大金额。

动态分析（dynamic analysis）：将某一政策引起的反应考虑在内，对该政策的经济影响进行的评估。

收入所得税抵免（earned income tax credit）：政府向低收入人群支付款项的一种税收政策。

收入溢价（earnings premium）：一个工作和另一个工作相比高出来的薪酬。

经济效率（economic efficiency）：一定量的投入用来生产尽可能多的产出（或者一定量的产出采用尽可能少的投入）的情况。

经济品（economic goods）：任何稀缺的产品或服务。

经济增长（economic growth）：实际人均收入在一段时间内持续增加。

经济利润（economic profits）：超过竞争利润的利润。竞争利润是使资源可以继续应用于该产业的最低利润。

弹性需求（elastic demand）：作为需求曲线的特征，给定的价格变动的百分比引起需求量更大的变动。总收入和价格都与需求曲线的弹性呈反方向变动。

弹性（elasticity）：衡量一个变量对另一个变量变动做出反应的方法，是两个变动百分比的比值。

需求弹性（elasticity of demand）：产品的需求量对单位价格变动的反应程度。

供给弹性（elasticity of supply）：产品的供给量对单位价格变动的反应程度。

应得权益计划（entitlement program）：保证对符合法律规定条件的个人给予特定福利待遇的政府计划。

均衡价格（equilibrium price）：当市场没有超额供给或需求时的价格，即供给曲线与需求曲线相交时的价格，也称市场出清价格。

出口（exports）：向国外销售的产品或提供的服务。

外部性（externalities）：一项经济活动向第三方溢出的成本或效益，如污染具有负的溢出效应或负外部性。

渔场（fishery）：捕鱼的区域。

固定汇率（fixed exchange rates）：由法律规定两种或多种货币相互兑换的固定价格的体系。

外汇（foreign exchange）：外国货币。

外汇汇率（foreign exchange rate）：两种货币之间兑换的相对价格。

压裂（fracking）：水力压裂工艺的非正式名称，该工艺将水、沙子和少量化学品注入地下深处压裂岩石以开采天然气或石油。

免费品（free good）：在价格为零时生产数量超过需求的产品或服务。

完全成本（full cost）：从事一项活动必须放弃的所有事物，例如货币价值（必须放弃的其他商品）与必须牺牲的时间价值。

贸易利得（gains from trade）：个人、企业或国家通过交易得到的收益。

全球化（globalization）：贸易壁垒的减少、运输成本和通信成本的降低导致国家经济体合并为国际经济体的过程。

绿色能源（green energy）：只会带来极少污染的能源。

人力资本（human capital）：员工的培训、教育与知识的积累。

进口税（import tariff）：专门对从其他国家进口的产品或服务征收的税。

进口（imports）：从其他国家购入的产品或服务。

实物转移支付（in-kind transfers）：向满足某些条件的受赠者赠予产品或服务而不是给予现金的做法，例如医疗、保健、住房补助、食物赠券和学校午餐等。

激励（incentives）：对行动或决策的预期结果，可能是正的也可能是负的，可能是货币形式的也可能是非货币形式的。

需求收入弹性（income elasticity of demand）：需求对收入变动的反应程度，用对一种产品需求变动的百分比除以消费者收入变动的百分比来计算。

收入不平等（income inequality）：总收入在个人或群体之间的分配差异。

收入流动性（income mobility）：个人随着时间的变化在收入阶层中的移动。

供给增加（increase in supply）：一种商品在每个价位上供给量的增加，市场供给曲线右移。

个人强制令（individual mandate）：2010 年，《平价医疗法案》要求个人必须购买医疗保险，否则将被处以按收入收取的罚款，这项购买保险的要求被称为个人强制令。根据该法案，多数拒绝保险的人可免于强制保险。

个人可转让配额（individual transferable quota，ITQ）：可捕捞总额中，拥有个人可转让配额的人可以捕捞的份额。

行业政策（industrial policy）：为了获得某种经济结果而制定的政府法律或法规，通常用来刺激某个生产部门的产出。

无弹性（inelastic）：对变化没有多少反应。

无弹性需求（inelastic demand）：价格的变动会导致需求量向相反方向较小幅度变化的需求曲线的特征。在需求曲线的无弹性区域，总收入和价格直接相关。

通货膨胀（inflation）：为达到一定的满足水平而发生的货币成本的增加，通常用满足特定标准的一篮子产品的货币价格来衡量。

创新（innovation）：将某种新的事物（如发明）转化为能够创造经济效益的事物。

无清偿能力（insolvent）：资产价值少于负债价值的一种财务状况。

制度（institutions）：社会基本的规则、习惯与规范。

知识产权（intellectual property）：具有商业价值的人类创意思维或表现形式，通过颁发专利、版权或商标的方式受到法律保护。

利息（interest）：因为借钱而支付的费用，通常用每年的一定百分比来表示。

间歇性（intermittency）：当用于可再生能源时，因为风力、太阳能和潮汐是不持续能源，它们需要传统能源（如煤炭、核能或天然气）发电站的巨额支持的特性。

发明（invention）：与现有的产品、工艺或应用截然不同的新奇的产品、工艺或应用。

投资（investment）：为了在将来获得更多的服务或产品而获取或追加资产。

劳动参与率（labor force participation rate）：所有正在工作、愿意工作且正在找工作的人口除以总人口的比率。一般而言，分子与分母都限制在 16 岁及以上的人口。

需求定律（law of demand）：说明需求量和价格负相关的定律。在其他条件不变的情况下，价格降低时购买量增加，价格升高时购买量降低。

供给定律（law of supply）：说明在其他条件不变的情况下价格和供给量直接相关的定律。

负债（liabilities）：借债的金额，可以向负债的个人或机构索取货币。

奢侈品（luxury good）：指需求的收入弹性大于1的商品，随着人们收入的增加，人们将收入花在奢侈品上的比例将增大。

边际分析（marginal analysis）：分析当现状做小幅度改变时造成的影响。

边际收益（marginal benefits）：增加一个单位产品或活动所产生的额外收益，增加一个单位产量带来的总收益变化。

边际成本（marginal costs）：每增加或减少一单位的产量，企业总成本的变化。

边际税率（marginal tax rate）：最后一单位货币收入中用于支付税款的比例。

市场出清价格（marked-clearing price）：请参考均衡价格。

市场占有率（market share）：某一产业的一家企业或一群企业的产品销售额在该产业总销售额中所占的比例。

市场供给（market supply）：在不同的价格下，一种产品所有供给者愿意提供的销售总量。

中位数年龄（median age）：一个区分年轻人口与老年人口的中间年龄。

最低工资（minimum wage）：法律规定的公司支付员工的最低时薪。

模型或理论（models，or theories）：真实世界的简化，为了更了解真实世界或做预测之用。

监测成本（monitoring costs）：用来观察政治家或者机构履行其职责的行为所必须发生的成本。

垄断竞争（monopolistic competition）：许多厂商生产并出售相似但特征或质量略有差异商品的市场形态。尽管产品定价高于平均最低成本，但企业间的竞争会将长期经济利润降到零。

垄断（monopoly）：唯一的供给方。企业面对的是对其产品向下弯曲的需求曲线，因此可以选择其出售产品的价格。价格搜寻者的一个例子。

垄断力量（monopoly power）：企业对其产品的定价高于生产该产品的边际成本的能力。

买方垄断者（monopsonist）：经营买方垄断的企业。

买方垄断（monopsony）：单一买者，通常这样的公司面对一个向上倾斜的投入供给曲线，因此可以决定购买产品的价格。价格搜寻者的一个例子。

道德风险（moral hazard）：个体在免于风险时和完全暴露于风险中时会采取不同行为的趋势。

自然资源禀赋（natural resource endowments）：可以用来生产产品与服务的自然矿产（如石油与铁矿等）和生物（如森林、渔业资源）。

负外部性（negative externality）：一项经济活动产生的由第三方承担的成本。污染具有负外部性，例如，汽车驾驶员以外的人也需要承担汽车尾气排放的部分成本。

负税收（negative tax）：用于增加低薪酬人群收入的政府支出。

名义价格（nominal prices）：用一个国家货币（如美元）表示的产品成本。

非价格竞争（nonprice competition）：以提供额外的服务或高质量的产品而非降价来吸引顾客。

非贸易商品（non-traded goods）：不能在国外销售，只能在一国国内交易的物品和服务。

寡头垄断（oligopoly）：市场上仅有的少数几家卖方（或买方）企业之一。在这种情况下，每一家企业都会对竞争对手在价格和数量上的变化做出反应。

开放式获取（open access）：阻碍所有者排除其他人使用该产品的一种产品属性。实际上，任何想要使用该产品的人都可以合法地免费使用。

机会成本（opportunity cost）：为获得某物或满足某种需求必须牺牲的价值最高的另一个选择。

外包（outsourcing）：让外国员工执行传统上需要由本地员工所做的任务（特别是服务）。

专利（patent）：法律对发明的保护，能阻止其他人在不补偿发明者的情况下模仿该发明。

人均收入（per capital income）：平均每人的收入。

完全弹性（perfectly elastic）：数量变动的百分比与价格变动的百

分比的比值无限大。直观上看，是一条完全没有弹性的水平曲线。

完全无弹性（perfectly inelastic）：数量变动的百分比与价格变动的百分比的比值为零。直观上看，是一条完全没有弹性的垂直曲线。

实物资本（physical capital）：非人力生产资源。

政治经济学（political economy）：研究政治决策的因果关系的学问。

价格歧视（price discrimination）：以不反映边际成本差异的价格进行销售。例如，边际成本相同，价格不同；或边际成本不同，价格相同。

需求的价格弹性（price elasticity of demand）：需求量变动的百分比除以价格变动的百分比。参见需求弹性。

供给的价格弹性（price elasticity of supply）：供给量变动的百分比除以价格变动的百分比。参见供给弹性。

价格搜寻者（price searcher）：在面对负斜率的需求曲线（如果是卖方）或面对正斜率的供给曲线（如果是买方）时，必须追求利润最大化定价的企业。通常当作卖方垄断或买方垄断的同义词。

价格补贴计划（price-support program）：规定谷物的最低价格的政府农业计划。

价格接受者（price taker）：接受市场价格的经济参与者。通常用作在完全竞争市场中经营的企业的同义词。

私人成本（private costs）：相关决策者放弃的选择（产生的成本）。

产品差异（product differentiation）：以品牌名称、颜色或其他细微特征来区分产品。

生产力（productivity）：每单位投入生产的产出量。

利润（profit）：以高于购买价的价格售出产品所产生的收入。在生产方面，产生的收入是从购买产品的消费者那里获得的总收入与生产这些产品的总成本之间的差额。

财产与契约权（property and contract rights）：规定财产使用权与转让权的法规，以及个人或企业间的可执行协议。

财产权（property rights）：规定物品如何被使用和转让的一系列规则。

保护主义（protectionism）：制定法规来保护某些个人或企业免于受到竞争（通常是进口产品）的威胁。

保有储量（proven reserves）：估计的石油和天然气储量。地质和工程数据显示，在现有经济和运营条件下，未来恢复储量的可能性很大。

购买力（purchasing power）：获得产品和服务的能力或手段。

购买力平价（purchasing power parity）：在长期均衡条件下，所有进行国际贸易的产品根据汇率调整后，必须以相同的价格进行交易。

完全竞争（pure competition）：参与者对市场价格没有任何影响的一种市场结构，所有人都是价格接受者。

需求量（quantity demanded）：在特定价格下产品或服务被选用的量。

配额（quota）：对一种产品或活动的量进行限制。通常在国际贸易中用来限制进口到一个国家的外国商品的数量。

收益率（rate of return）：以百分比表示的参与一项活动的净收益。例如，如果投资 1 美元得到的毛收益为 1.2 美元，则净收益为 0.2 美元，收益率就是 $20\%\left(=\dfrac{0.2}{1}\times100\%\right)$。

理性无知（rational ignorance）：由于获得全部信息的成本太高，所以信息是不完全的。

实际收入（real income）：根据通货膨胀调整后的收入（或者用产品和服务的形式表现的收入）。

实际成本/根据通货膨胀调整后的成本（real, or inflation-adjusted, cost）：根据总价格水平变化进行调整后的物品成本。

实际人均收入（real per capita income）：根据通货膨胀调整后的国内生产总值除以人口数。

实际价格（real price）：根据通货膨胀调整后的价格，以相对于某一基年的形式表示。

实际工资（real wage）：根据通货膨胀调整后的工资，以相对于某一基年的形式表示。

不动产（real property）：土地、和土地紧密相连的建筑与设备，以及地下所有的资源。

相对价格（relative prices）：用其他产品或一篮子基础产品表示的产品成本。

租金管制（rent control）：政府规定房东可以征收多少房租的制度。

资源（resource）：生产产品或服务所需的投入。

显性偏好（revealed preferences）：消费者的好恶，由消费者在市场中做出的选择体现出来。

法治（rule of law）：个人、企业与政府间的关系是由清楚、可列举的、适用于社会所有人的法规所界定。

稀缺（scarce）：不是免费的，即为了获得一种物品，必须牺牲另一种物品。

稀缺物品（scarce good）：价格为正的任何产品。

稀缺性（scarcity）：相对于人类无限的欲望，社会资源的有限性。稀缺性意味着自然界不可能无限量免费提供给人们需要的任何事物。

短缺（shortage）：需求量过多或供给量不足的情况，即价格低于市场出清价格时需求量和供给量之间的差额。

社会成本（social cost）：发生使用资源的行为时社会承担的全部成本。例如，驾车的社会成本等于全部私人成本加上社会其他成员付出的额外成本（如空气污染和交通堵塞）。

社会保障（social security）：由政府实施的资助项目，对在职人员征税用于向退休人员支付退休金。

静态分析（static analysis）：对一项政策的经济影响进行的评估，对该政策产生的影响不完全考虑在内。

存量（stock）：某物在特定时点的数量。物品的存货是存量，任一时点的银行存款也是存量。存量的定义与时间无关，虽然它们是指在特定时点所拥有的数量。

补贴（subsidies）：政府为生产某种产品而支付的款项，目的通常是增加接受补贴的企业的利润，而结果往往增加了接受补贴的产品的产出。

补贴行为（subsidization）：提供补贴的行为。

替代（substitute）：产品具有的一种特性，其价格的变化将会导致另一种产品的需求向同一方向发生改变。

供给（supply）：出售产品的意愿和能力。

供给曲线（supply curve）：用曲线形式表现的供给情况，向上倾斜（斜率为正）反映了价格和供给量之间的正相关关系。

供应价目表（supply schedule）：列举了一系列价格和在每一价格水平对应的供给量。它显示的是特定时间内每一价格水平上计划生产的产品数量。

补贴价格（support price）：由政府制定的保证农民可以从他们的谷物中获得的最低价格。若市场价格低于补贴价格，政府则负责收购足够的谷物让市场价格回升到补贴价格水平。

剩余（surplus）：供给量过多或者需求量不足，即价格高于市场出清价格时供给和需求之间的差额。用于政府预算时指税收收入高于支出的那一部分差额。

目标价格（target price）：由政府制定的保证农民出售谷物时获得的最低价格。若市场价格低于目标价格，农民可以获得两者之间的价差（乘以谷物产量）。

关税（tariff）：对进口产品征收的税。

税收抵免（tax credit）：抵消当前或未来的所得税。

税率（tax rate）：被当作税款收取的纳税物品价值的一定比例。

税收收入（tax revenue）：收取的税款总金额。

技术演变（technological change）：可行的生产可能性的改变，尤其指将新知识应用于生产领域的结果。

通行费（toll）：为了获得在一条公路、桥梁或指定的车道上行驶的权利而支付的货币价格。

总捕捞份额（total allowable catch，TAC）：在一定时期内，政府规定在某一渔场合法捕捞的鱼的总数或磅数限制。通常与个人可转让配额一同使用。

贸易壁垒（trade barriers）：具有减少国际贸易量效果的任何规则，包括关税和配额。

贸易产品（traded goods）：跨越国界买卖的产品。

权衡（trade-off）：与机会成本相关，指在稀缺的条件下为了获得某项经济物品，必须放弃其他想要的经济物品。权衡意味着为了获得某种事物所做出的牺牲。

流量协议（traffic agreements）：互联网服务供应商之间的合同，规定各方承载其他供应商产生的互联网流量的条件。

交易成本（transaction costs）：商品交易行为带来的成本。

转基因物种（transgenic species）：包含两种或更多种不同物种基因物质的物种，如骡子和抗虫棉花。

Ⅰ型错误（TypeⅠerror）：采取行动导致产生的错误，例如误将不安全药品投入市场。

Ⅱ型错误（TypeⅡerror）：不采取行动导致产生的错误，例如没有将有效药品投入市场。

使用费（user fees）：因使用产品或服务而支付的费用。通常因使用政府所有的资源（包括道路和公园）而由政府征收。

纵向市场圈定（vertical foreclosure）：在互联网方面是指一家互联网服务供应商为了迫使其客户购买自己的资源，拒绝提供另一家公司的资源。

券（voucher）：用来保证某人可以不付任何费用就能够得到一定服务的凭证。

需要（want）：当产品或服务的价格为零时，人们选择的产品或服务的量。

财富（wealth）：所有人力资产和非人力资产，有形资产和无形资产。

白领工作（white-collar jobs）：工作者主要依赖他们的智慧与知识而非体力进行工作。

支付意愿（willingness to pay）：人们愿意为某项产品或服务支付的最高价格。

世界贸易组织（World Trade Organization，WTO）：超过 145 个成员的组织，目的是协助减少成员之间的贸易壁垒，以及解决成员之间的贸易争端。

分区定价法（zone pricing）：依据不同地区居民的特点，在不同的地理区域设定不同的零售价格。大型石油公司采取此定价法。

图书在版编目（CIP）数据

公共问题经济学：第十九版 /（ ）罗杰·勒罗伊·米勒，（ ）丹尼尔·K. 本杰明，（ ）道格拉斯·C. 诺思著；王欣双，吉扬，李季译 . —北京：中国人民大学出版社，2019.4
（诺贝尔经济学奖获得者丛书）
ISBN 978-7-300-26087-7

Ⅰ.①公… Ⅱ.①罗… ②丹… ③道… ④王… ⑤吉… ⑥李… Ⅲ.①公共经济学 Ⅳ.①F062.6

中国版本图书馆 CIP 数据核字（2018）第 191111 号

"十三五"国家重点出版物出版规划项目
诺贝尔经济学奖获得者丛书
公共问题经济学（第十九版）
罗杰·勒罗伊·米勒
丹尼尔·K. 本杰明　　著
道格拉斯·C. 诺思
王欣双　吉　扬　李　季　译
冯文成　审校
Gonggong Wenti Jingjixue

出版发行	中国人民大学出版社		
社　　址	北京中关村大街 31 号	邮政编码	100080
电　　话	010 - 62511242（总编室）	010 - 62511770（质管部）	
	010 - 82501766（邮购部）	010 - 62514148（门市部）	
	010 - 62515195（发行公司）	010 - 62515275（盗版举报）	
网　　址	http://www.crup.com.cn		
	http://www.ttrnet.com（人大教研网）		
经　　销	新华书店		
印　　刷	涿州市星河印刷有限公司		
规　　格	160 mm×235 mm　16 开本	版　　次	2019 年 4 月第 1 版
印　　张	14.5 插页 2	印　　次	2019 年 4 月第 1 次印刷
字　　数	222 000	定　　价	59.00 元

Pearson

尊敬的老师：

　　为了确保您及时有效地获得培生整体教学资源，请您务必完整填写如下表格，加盖学院的公章后以电子扫描件等形式发给我们，我们将会在 2～3 个工作日内为您处理。

请填写所需教辅的信息：

采用教材			☐ 中文版　☐ 英文版　☐ 双语版	
作　者		出版社		
版　次		ISBN		
课程时间	始于　　年　月　日	学生人数		
	止于　　年　月　日	学生年级	☐ 专科　　　☐ 本科 1/2 年级 ☐ 研究生　　☐ 本科 3/4 年级	

请填写您的个人信息：

学　校			
院系/专业			
姓　名		职　称	☐ 助教 ☐ 讲师 ☐ 副教授 ☐ 教授
通信地址/邮编			
手　机		电　话	
传　真			
official email（必填） (eg：×××@ruc. edu. cn)		email (eg：×××@163. com)	
是否愿意接受我们定期的新书讯息通知：　☐ 是　☐ 否			

　　　　　　　　　　　　　　　　　系/院主任：_____（签字）

　　　　　　　　　　　　　　　　　　　　　　　（系 / 院办公室章）

　　　　　　　　　　　　　　　　　___年___月___日

资源介绍：

——教材、常规教辅（PPT、教师手册、题库等）资源：请访问 www. pearson. com/us/higher-education

　　　　　　　　　　　　　　　　　　　　　　　　　　　　　　　　　（免费）

——MyLabs/Mastering 系列在线平台：适合老师和学生共同使用；访问需要 Access Code　（付费）

地址：中国北京市东城区北三环东路 36 号环球贸易中心 D 座 1208 室　100013

Please send this form to：copub. hed@pearson. com

Website：www. pearson. com